Mathildes Abenteuer

Michael Behn

Mathildes Abenteuer

Auf der Suche nach Wünschen, Zielen und Sinn
oder eine Geschichte über Selbstmanagement

Band 3: Dranbleiben

Dezember 2011
3. Auflage
Herrenberg

Umschlaggestaltung: Oliver Behn
Satz & grafisches Konzept: Susanne & Oliver Behn

Herstellung und Verlag:
Books on Demand GmbH, Norderstedt
ISBN-13: 978-3839166628

Dank für die Mithilfe an: Gabriele Juin, Helga Neiheißer, Peter Milz, Frank Ruschmeier, Peter Bödeker, Silke und Vanessa Härtner, Angelika Rusch

Weiterführung von Mathildes Abenteuern im Newsletter auf:
http://www.blueprints.de

Kontakt zum Autor: michael@blueprints.de

Dieses Buch ist kein Roman. Es sind kurze Geschichten, die den Leser zum Nachdenken und zum Ausprobieren anregen sollen. Deswegen empfehle ich, immer nur bis zu dem Punkt zu lesen, an dem sich der Leser animiert fühlt, über das Geschriebene in Ruhe nachzudenken, etwas zu notieren oder etwas zu tun.

Michael Behn

Inhalt

1. Prolog

Über ein Jahr ist vergangen und die großen Sommerferien sind nicht mehr fern. Viel ist passiert und vieles auch nicht – aber das sollen Mathilde und ihre Freunde selber berichten.

Die Skizzen zum Projekt „Wehendes Haar" hängen noch an einigen Wänden. Es ist verankert in den Herzen der drei Freunde – es ist ein Symbol für Aufbruch, Hoffnung und Freundschaft. Es ist der Anlass für diese Geschichten.

2.   Ein Traum seit meiner Kindheit

Die Dame legte ihren mit Federn und Schleifen verzierten Hut auf den leeren Stuhl und erzählte weiter.

„Seit meiner Kindheit ist eine große Schiffsreise mein Traum. Mein Vater hatte mich eines Tages auf eine Hafenrundfahrt mitgenommen, und ich erinnere mich noch genau, wie fasziniert ich war von den Schiffen, den Löschmannschaften, den Kränen. Überall roch es nach fernen Ländern und Abenteuern", sagte Frau Klawitsch.

Mathilde hörte zu und kraulte Ipo den Bauch.

„Ich habe die Schiffsreise verschoben und verschoben. Mal hatte ich kein Geld, dann keine Zeit, dann musste ich die Festspiele besuchen oder gab Gesangskurse. Danach kam der Umzug in euer Städtchen. Ich wollte mich einleben und erst Freunde finden. Später war Ipo meine Ausrede und dann waren es meine Rückenprobleme. Aber so kann es ja nicht weitergehen. Ipo wird auch eine Zeitlang ohne mich auskommen."

Ipos Ohren schnellten hoch, und „ftt" war sein Kommentar.

„Mathilde, du hast mich ermuntert, endlich die Reise anzutreten. Du glaubst gar nicht, wie mich das freut."

Dann mussten beide lachen, denn Ipo streckte alle Viere von sich und schnarchte wie ein Bär.

„Oh, dieser Hund. Wie werde ich ihn vermissen, aber ich freue mich auf die fernen Länder, auf neue Bekanntschaften und auf den Tag des Wiedersehens."

10

Noch eine Weile saßen sie im Café. Als die Kirchenuhr fünfmal schlug, war es Zeit für Mathilde, den Heimweg anzutreten, denn ihr Onkel kam bald nach Hause.

3. Ein Blick zurück

Ipo schob den Fressnapf kreuz und quer durch die Küche, um den Rest aus dem Napf zu schlecken. Mathilde schaute aus dem Küchenfenster und dachte an die Erlebnisse des vergangenen Jahres. Um Menschen kennen zu lernen, nahm ihr Onkel an einem weiteren Tanzkurs teil und trug neuerdings sogar Kleidung, die heller war als schwarz. Nach der Arbeit reparierte er das Dach, da es seit Wochen durchregnete. Ipo, den Mathilde gemeinsam mit Tiberius in Pflege genommen hatte, war zum Ehrenmitglied der Familie erklärt worden. Vor der Arbeit, also furchtbar früh, ging ihr Onkel mit dem Hund spazieren.

Tiberius war rüstiger denn je und sein Kiosk war ein wichtiger Treffpunkt des Städtchens. Er machte sich immer wieder den Spaß und sprach Kunden auf Italienisch an. Die schauten entweder verdutzt oder antworteten in einer anderen Sprache. Es war ein Spiel geworden und es wurde viel gelacht.

Ihre Freundin Marei hatte es zwar noch nicht geschafft zu reiten, aber sie spielte in der benachbarten Stadt Rollstuhlbasketball. Ihr neuster Traum waren die Paralympics – als Teilnehmerin oder Zuschauerin. Ihr Freund Gregor hatte gelernt, mit seinem Asthma zu leben, er trieb regelmäßig Sport und half in seiner Freizeit einem Bildhauer.

Mathilde war eine hervorragende Läuferin geworden, Mitglied des Leichtathletikteams, und lernte weiterhin fleißig Mathematik. So konnte sie ihre Zensur auf einer Drei halten. Nach wie vor schrieb sie alles Wichtige in ihr rotes Büchlein, das mittlerweile mitgenommen aussah. In ihrer Freizeit half sie auf dem Hof von Herrn Mettmann. Der hatte eine Reithalle bauen lassen, die auch für die Arbeit mit Körperbehinderten und mit psychisch Kranken gedacht war. Leider hatte er für die Kurse immer noch keine Therapeutin gefunden.

Es war ein schönes Jahr und Mathildes Wunsch, pfeifen zu lernen, erfüllte sich nach vielem Training. Fehlerfrei pfiff sie ganze Lieder, und wenn Mathilde die Zeitungen austrug, erkannten viele an ihrem Pfeifen, dass gleich die Zeitung im Briefkasten landen würde.

4. Unzufrieden

Rosei war für Mathilde zu einem Ort der Ruhe geworden. Der Findling war heute warm und es roch noch nach dem Regen vom Vormittag. Sie machte eine Rast auf dem Weg nach Hause, wo sie heute unkonzentriert war, sie dachte immerzu an das Projekt „Wehendes Haar". Sie war unzufrieden mit sich und ihren Freunden Gregor und Marei. Sie hatten das Projekt aus den Augen verloren. Nichts war passiert, nichts war vorwärtsgegangen.

Natürlich hatten alle viel zu tun: Marei trainierte Rollstuhl-Basketball und Gregor arbeitete im Atelier des Bildhauers. Sie selbst übte viel für die Schule, ging zum Leichtathletiktraining, trug Zeitungen aus, half ihrem Onkel das Dach zu reparieren und arbeitete auf dem Reiterhof.

Sie blätterte in ihrem verschlissenen Büchlein und schaute erneut die Skizze an, die Gregor für das Projekt „Wehendes Haar" angefertigt hatte. Nach längerem Betrachten der Skizze spürte sie, wie die Szene lebendig wurde. Ihre Augen waren geschlossen und sie roch das Gras, auf dem sie so schnell lief, dass ihre Haare nach hinten flogen. Marei ritt auf einem Pferd neben ihr. Gregor raste trotze seines Asthmas neben ihnen auf einem Rennrad über das Feld.

Plötzlich schreckte lauter werdender Lärm Mathilde aus ihren Gedanken. Es war ein Traktor, der mit zwei Anhängern über das angrenzende Feld fuhr. Auf dem grünen Monstrum saß Herr Mettmann, der seinen Hut in ihre Richtung schwenkte.

„Schluss mit Jammern", flüsterte Mathilde Rosei zu. Sie sprang auf, gab dem Stein einen freundschaftlichen Klaps und kroch durch ein Loch im Zaun. Mit großen Schritten lief sie über das Feld und kletterte in die Kabine des Traktors.

5. Das Logbuch

Es war kühl für einen Sommermorgen. Mathilde drehte eine Runde mit ihrem Pflegehund und erzählte von ihren kleinen Beratern und den Inhalten ihres Notizbuchs. Vor allem der nette Käfer und die langsam sprechende Schnecke waren ihr präsent. Sie erinnerte sich mittlerweile ohne Notizbuch an die Anregungen ihrer kriechenden, krabbelnden und fliegenden Freunde. Ipo hörte aufmerksam zu. Er zerrte heute nicht so oft an der Leine. Ab und zu blieb er stehen, blickte sich um, er schien etwas zu suchen.

„Hier habe ich notiert: *Die meisten guten Dinge reifen nur in der Stille.* Die Schnecke hat es mir gesagt. Ich denke, sie meinte nicht nur die leckeren Gräser, die ich ihr immer vom Friedhof mitgebracht habe. Ich glaube, sie meinte genauso, dass Gedanken und Werke in der Stille besser reifen.

Da steht: *Hilf dir selbst, damit du dich erinnerst.* Das hat mir geholfen, meine Wünsche und Ziele nicht aus den Augen zu verlieren. Außerdem habe ich meine Aufgaben und Ideen notiert, die ich sonst sicher vergessen hätte.

Auf derselben Seite hatte ich auch notiert: *Wenn man Ziele und Wünsche hat, dann helfen einem manchmal Menschen (so wie mein Onkel und Tiberius) und scheinbare Zufälle.* Da muss ich an meinen Onkel denken, der mir für mein Lauftraining die Stoppuhr geschenkt hat.

Ach ja, und immer wieder kommt der Regen im Notizbuch vor. Hier zum Beispiel: *Der Regen fällt in jedem Fall auf die Erde, ob du dich nun ärgerst oder nicht. Versuche auch einmal, das Gute im Regen zu sehen.* Ich denke, dass es eine hilfreiche Idee ist, nicht nur eine Seite der Sache zu sehen, sondern auch die anderen Seiten. Bei vielen anderen Dingen hilft das auch. Ich habe gemerkt, dass sich so meine Laune verbessert, was ja selten von Nachteil ist.

Hier steht noch: *Lerne aus deinen Fehlern. Damit du sie nicht vergisst, notiere sie.* Das ist klar", sagte Mathilde und Ipo stoppte und blickte sich um.

„Damit ich das Buch nicht nur vollschreibe, sondern auch etwas mache, sollte ich notieren: *Vergiss das Tun nicht.*"

Dann erfuhr Ipo, was seiner Begleiterin half, wenn es nicht so lief und sie deswegen traurig oder wütend war.

1. *Sei nicht zu euphorisch in den guten Tagen und nicht zu betrübt in den Tagen, wo es nicht so läuft.*
2. *Der Verstand verabschiedet sich, wenn Wut und Ärger einziehen, und wir tun Dinge, die uns selbst und andere verletzen!*

Beim zweiten Punkt fiel Mathilde die Dame aus der Bücherei ein, die so unfreundlich war, während sie selber ruhig und höflich blieb. Dann straffte sich die Hundeleine. Ipo war vor dem Haus ihres Onkels stehengeblieben. Mathilde nahm die Werbung aus dem Briefkasten und forderte Ipo auf zum Treppen-Wettlauf. Tobend an der Haustür angekommen, fiel aus dem Stapel Werbeblätter ein außergewöhnlicher Brief auf die Treppe.

„Was für eine schöne Briefmarke", murmelte Mathilde und hob ihn auf. Zu sehen war eine Kirche mit vier Türmen. Der Brief war blau und rot umrandet und links in der Ecke war ein Flugzeug abgebildet – neben dem zu lesen war „Por Avion". Sie setzte sich auf eine Stufe und öffnete das Kuvert.

Liebe Mathilde,

mittlerweile bin ich am Ausgangspunkt meiner Reise angelangt. Das Schiff liegt im Hafen von Barcelona. Gestern bekamen wir unsere Quartiere zugeteilt. Es ist eine wunderschöne Kabine, ungefähr 10 m über dem Wasser. Von meinem Fenster aus sehe ich das Kolumbus-Monument. Es ist eine imposante Säule, auf der der Entdecker und Seefahrer Christoph Kolumbus zu sehen ist ...

Auf Seite 3 las Mathilde:

Ich werde während der Schiffsreise ein Logbuch führen. So wie du in deinem Notizbuch, möchte ich ebenfalls meine Erlebnisse und Erkenntnisse notieren. In den kommenden Briefen werde ich immer wieder einen Logbuch-Auszug mit senden.

Bereits nach den ersten drei Tagen vermisse ich Ipo, dich und die anderen Freunde. Aber ich bin froh, dass ich mich überwunden habe, diese Reise endlich anzutreten.

Der erste Eintrag in meinem Logbuch lautet: „Schieberitis ist heilbar, denn sonst wäre ich nicht in Barcelona, schriebe nicht diese Zeilen und hätte all diese Erfahrungen nie gemacht."

Danke Mathilde, dass du mich inspiriert hast.

Grüße deinen Onkel, Tiberius, Marei, Gregor und Ipo. Aus dem fernen Barcelona nehme ich euch in Gedanken in die Arme und wünsche allen viel Glück.

Liebe Grüße und „Hasta la vista!"

Josefine Klawitsch

PS: Hasta la vista ist Spanisch und heißt: Bis bald!

Mathilde legte den Brief zur Seite, schloss die Augen und versuchte sich den Hafen von Barcelona vorzustellen. Das Kolumbus-Denkmal, ein weißes Passagierschiff, die kreischenden Möwen, geschäftig drehende Lastkräne …

6. Der geheimnisvolle Bildhauer

„Dies ist ein Bildhauerklüpfel. Der Kopf ist aus Weißbuche und der Stiel aus Esche", erklärte Gregor. Er nahm den Hammer und tat so, als würde er etwas bearbeiten.

Seit mittlerweile zwei Monaten durfte er einem Steinbildhauer helfen. Er fegte die Werkstatt, entsorgte das herausgehauene Material und half die Werkzeuge zu pflegen. In jeder freien Minute war Gregor hier zu finden.

Marei und Mathilde durften ihn ausnahmsweise besuchen, denn der Bildhauer war ein menschenscheuer Zeitgenosse. Kaum jemand bekam ihn zu Gesicht.

„Manchmal ist das ganz schön anstrengend und manche Aufgaben machen wenig Spaß. Doch dafür darf ich zuschauen, und in den Pausen kann ich Herrn Komarow Fragen stellen. Ansonsten gilt die Regel: *Der Stein und Herr Komarow wollen nicht gestört werden!* Er hat mich ausdrücklich gebeten, das zu berücksichtigen", erklärte Gregor und zog eine Schublade auf.

Marei und Mathilde schauten sich an. Was sie über Herrn Komarow gehört hatten, schien sich zu bestätigen.

„Er arbeitet vor allem mit Naturstein. Je nach Gesteinsart und Aufgabe benutzt er ein Schrifteisen, ein Bildhauereisen, ein Schlageisen, ein Zahneisen, ein Schriftspitzeisen oder ein Scharriereisen." Mit leuchtenden Augen erklärte Gregor die Werkzeuge und deutete auf das jeweilige Eisen in der Schublade. Er kannte die Werkstatt in- und auswendig. Seine Stimme verriet seine Begeisterung für das, was er hier tat. Hin und wieder übertrieb er es und musste husten.

„Herr Komarow arbeitet an einer Skulptur. Es ist eine Auftrags-arbeit, die Weihnachten fertig sein muss", sagte Gregor.

Marei und Mathilde betrachteten die Statue von allen Seiten.

„Ihr Name lautet Hebe. Sie ist die griechische Göttin der Jugend, Tochter von Zeus und Hera. Sie wird auch als Göttin mit den Rosenwangen bezeichnet", sagte ein drahtiger Mann mit kurzem Haar, der urplötzlich hinter den drei Freunden stand. Selbst Gregor fuhr der Schrecken in die Glieder.

„Guten Tag, Herr Komarow. Danke, dass wir Ihre Werkstatt an-schauen dürfen. Die Statue wird sicher wunderschön", sagte Mat-hilde.

Herr Komarow übernahm die Führung durch Werkstatt und La-ger, wo Skulpturen, Reliefs und Bilder standen. Er zeigte einige riesige Steinblöcke, aus denen nur andeutungsweise eine Frau, ein Fisch oder andere Dinge herausgehauen waren. Verrückte, lustige und unheimliche Wesen wie Drachen, Kobolde und Torwächter konnten in einem anderen Raum bewundert werden.

„Warum stehen Ihre tollen Werke nicht in den Gärten und Häu-sern von Menschen, die so etwas lieben?", fragte Marei.

Es schien, als wäre Herr Komarow nach dieser Frage am liebsten sofort gegangen, aber stattdessen zeigte er auf einen Stein, der einem Berg glich. In den Stein war ein Eingang geschlagen wor-den und in dieser Öffnung sah man zwei Lichter, die aussahen wie die Augen eines Tieres in der Dunkelheit.

Mathilde schlich um das Kunstwerk herum. „Das sieht gespens-tisch aus, aber auch schön."

Herr Komarow nickte. „Die Szene ist aus einem Traum oder wohl eher aus einem Alptraum von mir. So etwas kann ich doch nicht fortgeben. Diese Werke erzählen Geschichten oder ich habe sie einfach nur liebgewonnen. Sie sind ein Teil von mir. Diese Werke kann ich nicht wildfremden Menschen verkaufen."

Herr Komarow verabschiedete sich und ging. Die Freunde schauten noch lange auf die Tür, durch die er verschwunden war.

„Irgendwie kann ich ihn verstehen", sagte Gregor. „Das Problem ist nur, dass seine Auftragsarbeiten ihm kaum zum Leben reichen. Er muss für dieses Grundstück und die Gebäude Pacht zahlen. Wenn er nicht bald etwas verkauft, muss er hier raus. Was dann wird, will ich mir gar nicht ausmalen."

Die drei schauten sich im verwilderten Garten um. Jeder suchte insgeheim nach dem Bildhauer, doch der geheimnisvolle Herr Komarow blieb verschwunden.

7. Das ist doch ganz einfach

Seit einigen Wochen hatte Mathilde einen neuen Mitschüler namens Wiegbert. Er war immer gut gekleidet und in allen Fächern glänzte er – bis auf Sport. Der dickliche Wiegbert war weniger ein Bewegungstalent als ein Mundakrobat. Er konnte zu allem etwas sagen, war es auch noch so unpassend und nervig.

Das durfte Mathilde am eigenen Leib erfahren. An einem Mittwoch in der vierten Stunde bat der Mathematiklehrer sie, eine Rechenaufgabe an der Tafel zu erklären. Als sie vor der Klasse stand, war alles vergessen. Sie lief an wie eine Kirschtomate, weil sie es nicht erklären konnte und weil sie den Stoff beherrschte – zumindest bis gestern. Herr Rummel versuchte Mathilde zu beruhigen und ihr zu helfen, ohne Erfolg. Sie setzte sich und Wiegbert durfte es versuchen. Er hatte sich bereits schnipsend gemeldet als Mathilde noch verzweifelt an der Tafel stand. Er leitete seine Erklärungen mit dem Satz ein: „Das ist doch ganz einfach."

Mathilde war auf 180, denn „das ist doch ganz einfach" hätte sich der Wichtigtuer sparen können.

„Wie stehe ich jetzt da? Mathilde, die Doofe, die ganz einfache Sachen nicht erklären kann. Vielen Dank, Herr Schlaumeier!", dachte sie, während ihre Augenbrauen sich zu einem düsteren Strich formierten. Sie trat gegen das Tischbein, was schmerzte, da sie Sandalen trug.

In der Pause saß sie auf der Mauer und biss in ihren Apfel. Nur wenige Meter weiter dozierte Wiegbert, wie man sich die Namen der Planeten merkt.

„Pass auf! Der Merksatz lautet: Mein Vater erklärt mir jeden Sonntag unsere neun Planeten. Du siehst, dass die Anfangsbuchstaben übereinstimmen: Merkur, Venus, Erde, Mars, Jupiter, Saturn, Uranus, Neptun, Pluto. Man muss aber noch bedenken, dass Pluto seit einigen Jahren nicht mehr als Planet bezeichnet wird. Er ist ein Plutoid, eine Unterklasse von Zwergplaneten."

Der Apfel schmeckte nicht mehr. Am liebsten hätte Mathilde ihn nach Wiegbert geworfen. In Gedanken zielte sie und stellte sich vor, wie es wäre ..., als er sich lächelnd zu ihr umdrehte.

„Hast du gesehen? Das mit der Mathematikaufgabe ist doch eigentlich ganz einfach gewesen. Man muss nur ..."

Weiter kam er nicht. Mathilde war von der Mauer gesprungen, hatte den Apfel auf den Boden geschmettert und beschimpfte Wiegbert als eine dicke Wurst, die langsamer sei als jedes Mädchen. Er sei eine Flasche im Sport und ein schrecklicher Wichtigtuer, den keiner mögen würde. Ihr Klassenkamerad stand mit offenem Mund vor Mathilde und Gelächter füllte den Pausenhof. Wiegbert drehte sich um und ging mit gesenktem Kopf in Richtung Klassenraum. Danach rief die Pausenglocke zur nächsten Unterrichtsstunde.

Das Gelächter verstummte und Mathilde lehnte wie ein Häufchen Elend an der Mauer.

8. Notizen lauschen

Mathilde erzählte Ipo von den weiteren Notizen. Am Findling Rosei machten sie Picknick. Tiberius hatte ihnen eine Waffel und Trockenfutter in einer Papiertüte mitgegeben, die eigentlich für Süßigkeiten wie Lakritze und Fruchtgummi gedacht war.

Mathilde las: *„Sei nicht traurig über Dinge, die passieren könnten. Das kannst du immer noch sein, wenn es passiert.*

Den Rat habe ich notiert, als ich erfuhr, dass Tina und Ulrike wegziehen. Sie leben seit über einem Jahr in den USA und haben mir noch nicht eine Karte geschrieben. Schöne Freunde …"

Ipo schaute Mathilde an und zerknackte ein Stück Trockenfutter.

„Ja, und dann sind da die WIEs. Da geht es darum, wie man seine Ziele erreicht und wie man mit anderen Menschen umgeht. Hier steht: *Deine Wünsche und Ziele sind wichtig, aber dein WIE macht dich erst zu dem, der du bist.*

Du weißt ja, welche WIEs ich mir aufgeschrieben habe. Sie stehen noch mal auf einer Extraseite. *Fair, freundlich, ausdauernd und geduldig.* Wenn ich sie so lese, muss ich daran denken, dass das manchmal gut klappt – manchmal aber auch gar nicht. Hm – da muss ich dran arbeiten." Mathilde gab Ipo ein weiteres Stück Trockenfutter und biss in ihre Waffel.

„Zu Wiegbert warst du nicht freundlich und fair", sagte der Käfer und landete auf dem riesigen Stein.

„Hallo Käfer! Ja, das ist wahr. Außerdem tut es mir weh, wenn ich gemein zu anderen bin. Es ist ein ganz doofes Gefühl."

Der Käfer nickte, flog eine Runde um Rosei und landete neben der Tüte mit dem Trockenfutter.

„Ich habe Ipo schon erzählt, was ich dazu notiert hatte. Dass der Verstand sich verabschiedet, wenn Wut und Ärger einziehen, und wir Dinge tun, die uns selbst und andere verletzen. Das ist leichter gesagt und aufgeschrieben als getan".

„Das stimmt, Mathilde. Du hast, soweit ich weiß, auch notiert: *Ein gutes Mittel gegen kleine Gemeinheiten ist Freundlichkeit.*"

Mathilde nickte und kratzte sich am Kopf. Als sie fragen wollte, was sie hätte machen können und was Freundlichkeit in diesem Falle bedeute, suchte sie den Käfer vergebens. „Da muss ich mir selber was überlegen." Sie stupste den schnarchenden Ipo an: „Oder hast du eine Idee?"

9. Wir brauchen Spinner

Mathilde saß unter der riesigen Eiche am Friedhof und blätterte in ihrem Notizbuch. Eine Frage beschäftigte sie seit Tagen. War es normal für ein Mädchen ihres Alters, solche Wünsche zu haben und schon Ziele anzustreben?

Einige Schulkameraden hatten sie wegen ihres Notizbuchs und ihrer Planungen zum Projekt „Wehendes Haar" bereits als Spinnerin bezeichnet. „Haben die vielleicht recht? Bin ich eine Spinnerin?"

„Nein, Mathilde, sie haben nicht recht." Erneut tauchte der Käfer wie von Zauberhand vor sie hingesetzt auf.

„Diese gigantische Eiche ist fast auf den Tag 827 Jahre alt. Sie kann von zahlreichen Spinnerinnen und Spinnern berichten. Von Menschen, die viel riskierten, die ausgelacht oder sogar bedroht wurden, denn häufig widersprachen sie mit ihrem Tun und ihren Ideen der Meinung und dem Glauben ihrer Zeit. Manchmal kamen sie zu Lebzeiten zu großem Ruhm, meist aber erst nach ihrem Tod.

Früher glaubte man, unser Planet sei eine Scheibe und die Sonne würde sich um die Erde bewegen. Der italienische Gelehrte Galileo Galilei behauptete aber, dass die Erde sich um die Sonne drehe. Zu dieser Zeit war es lebensgefährlich, sich gegen die Lehrmeinung der Kirche zu stellen! 1633 wurde er für seine Behauptung vor Gericht gestellt und entkam dem Scheiterhaufen nur, weil er öffentlich seinen Fehlern abschwor. Er wurde 'nur' zu lebenslänglicher Kerkerhaft verurteilt. Beim Verlassen des Gerichtssaals soll er gemurmelt haben: 'Und sie bewegt sich doch'.

Galileo Galilei, ein Spinner?

1706 erblickte ein Mann das Licht unseres Blauen Planeten, der gleichfalls permanent ein Notizbuch nutzte. Er führte Tagebuch, schrieb seine Ziele auf und skizzierte seinen Lebensplan. Er stellte für sich Regeln auf, notierte seine Tagespläne. Er wurde Verleger, Staatsmann, Schriftsteller, Naturwissenschaftler, Erfinder, Naturphilosoph und er gilt als einer der Gründerväter der Vereinigten Staaten. Sein Name: Benjamin Franklin. War er ein Spinner?"

Mathilde kratzte sich am Kopf und schaute zur Krone der Eiche. Sie wollte grade etwas sagen, als der Käfer weiter erzählte.

„Denken wir an den Physiker Wilhelm Conrad Röntgen. Als er seine Entdeckungen zum Thema Röntgenstrahlen Ende des 19. Jahrhunderts vorstellte, musste er sich mit kritischen Bemerkungen auseinandersetzen. Selbst der weltberühmte britische Physiker Lord Kelvin bezeichnete Röntgens Strahlen abschätzig als 'geschickten Schwindel'. Andere Kollegen sahen die Entdeckung als wertlos für die Medizin an. Die heutige Medizin wäre undenkbar ohne Herrn Röntgens Entdeckungen.

Marie Curie durfte in ihrem Heimatland nicht studieren. Warum? Sie war eine Frau. Sie zog nach Paris und studierte Physik und Mathematik. Sie war die erste Frau und die erste Professorin, die an der weltbekannten französischen Universität Sorbonne lehrte und mehrere Nobelpreise erhielt.

Du siehst Mathilde, wir benötigen sogenannte Spinner. Wir brauchen Menschen, die andere als die ausgetretenen Wege suchen und gehen. Persönlichkeiten, die mutig ihre Erkenntnisse gegen alle Widerstände verteidigen."

„Aber, Käfer, das sind berühmte Männer und Frauen. Sie haben etwas erfunden, sie haben Großes geleistet und die Welt verändert. Das kann man doch nicht mit mir vergleichen."

Der Käfer wedelte mit den Fühlern. „Berühmte Frauen und Männer waren auch einst unbekannt. Sie haben sich entwickelt, an sich gearbeitet, waren ausdauernd, blieben geduldig und glaubten an ihre Sache. Und diese nicht selten unbequemen Menschen waren es, die die Menschheit voranbrachten. Natürlich ist nicht jeder gleich ein Genie, aber unkritische Menschen, die brav folgen und nachplappern, gibt es genug.

Nein, Garantien gibt es nicht. Jedoch wird Erfolg wahrscheinlicher, wenn wir uns mehr zutrauen und konsequent etwas für unsere Überzeugung tun."

Heute verschwand der Käfer nicht unversehens, sondern verabschiedete sich von Mathilde mit den Worten: „Denk an all die Spinner der Geschichte. Sie sind gute Gesellschaft, und auch wenn es kein Nobelpreis oder keine Professur wird, so wird es vielleicht ein spannendes und erfolgreiches Leben. Es ist an dir."

10. Putz die Brille

Ferner Donner und Lichtblitze kündigten ein Gewitter an. Im Zimmer wurde es immer dunkler, das Donnern lauter und die Blitze heller. Die gespenstische Stimmung lenkte Mathilde von ihrem Zorn über Wiegbert ab, der am Vormittag ihren Zeichenblock mit Tuschwasser ruiniert hatte. Sie knipste die Nachttischlampe an, glättete erneut den Zeichenblock, als ein riesiger Schatten über die Wand huschte. Mit der Reitpeitsche bewaffnet suchte Mathilde das Zimmer ab, konnte aber niemanden finden.

„Manchmal sind es kleine Ursachen, die große Schatten werfen!"

Mathilde atmete auf. Der Käfer war der Schattenwerfer.

„Puh, hab ich mich erschrocken. Das Gewitter, der Schatten – bin ich froh, dass du es bist."

„Entschuldige. Ich wollt dich nicht erschrecken."

„Warum besuchst du mich heute?", fragte Mathilde.

"Ich möchte dir etwas über sich selbst erfüllende Prophezeiungen erzählen."

„Ein interessantes Wort: **Si**ch **s**elbst **e**rfüllende **P**rophezeiung", schmunzelte Mathilde.

„Ja, das stimmt. Klingt irgendwie komisch", sagte der Käfer, „aber diese **SISEP**, wie ich sie nenne, sind gefährlich. Lass mich das anhand eines Beispiels erklären: Du verzeihst mir, wenn Wiegbert darin vorkommt."

Mathildes Gesicht verfinsterte sich.

„Ihr hattet keinen guten Start. Wiegbert war ungeschickt mit dem, was er sagte, und deine Reaktion war auch nicht nett. Nehmen wir an, Wiegbert täte es leid, was er zu dir gesagt hat, und er will sich entschuldigen.

Er kommt im Kunstunterricht nervös auf dich zu. Du bemerkst das und schaust ihn grimmig an. Er wird noch unsicherer und stützt sich auf deinem Tisch ab. Da er nun aufgeregt und ungeschickt ist, kippt er unabsichtlich dein Wasserfarbenglas um. Er meinte es gut, aber es endete im Chaos.

Du denkst wütend: 'Klar, dass das Wiegbert passiert. So ein Trottel!' Statt dass es also besser wurde, wurde es schlechter, denn leider suchen wir meist nach Bestätigung für unsere Meinung, die wir häufig zu früh festlegen. In diesem Beispiel: Wiegbert mag ich nicht. Er ist ein Wichtigtuer und Tollpatsch!"

Mathilde schaute auf den welligen Zeichenblock und wollte etwas sagen, als der Käfer weitersprach:

„Jetzt lass uns so tun, als wäre Gregor in deiner Klasse und er käme im Kunstunterricht an deinen Tisch. Du lächelst ihn an und hörst auf zu zeichnen. Gregor ist noch verschlafen und stolpert, hält sich am Tisch fest und kippt ebenfalls das Wasserfarbenglas um.

Du springst auf und rufst: 'Gregor! Ist dir auch nichts passiert?' Er schüttelt den Kopf, du holst rasch einen Lappen und wischst das Tuschwasser weg. Gregor entschuldigt sich bei dir.

Du sagst: 'Das macht nichts, das kann jedem passieren. Hauptsache, du bist okay'. Du magst Gregor und dementsprechend siehst du den Unfall komplett anders.

In beiden Situationen wurde das Wasserfarbenglas umgekippt, aber der Verantwortliche wird je nach deiner vorgefassten Meinung eine andere Mathilde erleben", erklärte der Käfer.

Mathilde notierte in ihrem Buch und schüttelte mitunter den Kopf.

Der Käfer machte eine kleine Pause und sagte: „Je nach Urteil, nehmen wir die gleichen Dinge unterschiedlich wahr. Ich nenne diese vorgefassten Meinungen unsere Brillen. Diese Brillen sollten wir laufend putzen und prüfen, um Menschen besser zu verstehen und nicht den SISEP-Fehler zu machen."

Mathilde notierte: *Achte auf SISEP – die sich selbst erfüllende Prophezeiung. Putze immer wieder deine Brille, um die Menschen besser zu verstehen und SISEP zu vermeiden.*

Sie betrachtete den welligen Zeichenblock. War es SISEP? Als sie ihren Blick vom Block löste, suchte sie den Käfer, aber er war weitergeflogen.

„Brille putzen. Wie mach ich das?", murmelte Mathilde und knipste die Nachttischlampe aus.

11. Reifer werden

„Ich gehe mit Ipo zum See und zeige ihm, wo wir geangelt haben. Vielleicht sehen wir den Hecht, den Fischreiher oder den Eisvogel", sagte Mathilde.

Tiberius nickte, gab ihnen Wegzehrung mit und wünschte eine erfolgreiche Pirsch.

Unweit der Angelstelle setzte sich Mathilde auf einen umgefallenen Baum. Von hier konnten sie den See gut einsehen. Es war schwül und roch modrig. Wie ein Handspiegel für Riesen lag der See vor ihnen. Sie warteten geduldig, doch nichts passierte und so berichtete Mathilde erneut von ihren Notizen.

„Hier habe ich aufgeschrieben: *Schlechte Laune beruht meist auf Gedanken*. Ich erinnere mich, dass mir das Tiberius erzählt hat. Weißt du, seine Frau ist gestorben und das macht ihn manchmal traurig.

Er sagte auch, dass gute Laune Schmerzen lindert und die Gedanken über Regen verändert. Das fällt ihm nicht immer leicht, aber nach viel Übung gelingt es."

Ipo stellte die Ohren auf und machte „fft". Er sprang auf und startete eine Jagd durch den Schilfgürtel. Wasser spritzte, Halme knickten und ... Stille. Keine Minute danach tauchte Ipo mit hängendem Kopf aus dem Schilf auf. Er schüttelte sich, legte er sich neben Mathilde, die den missmutigen Jäger streichelte.

Sie erzählte, dass Tiberius empfahl, bei anhaltender schlechter Laune ein Bild zu malen, aufzuräumen, in einem Buch zu schreiben oder etwas anzupacken, das man stets aufschiebt.

Kurz darauf schien Ipo wieder besser gelaunt. Besonders gefiel ihm wohl das Spiel, das Marei von Zeit zu Zeit spielte. Sie schenkte Menschen ohne Lächeln eines von ihren. Ipo wedelte mit dem Schwanz und seine Augen leuchteten, als wollte er das sofort ausprobieren. Vielleicht hatte er aber auch nur Hunger. Dann schlug die Kirchturmuhr sechsmal und es war Zeit zu gehen.

„Komm, lass uns ein Wettrennen machen." Mathilde rannte los und Ipo sprintete bellend hinterher. Nach dem Abendbrot legte Mathilde sich auf ihr Bett und öffnete einen weiteren Brief von Frau Klawitsch.

Liebe Mathilde,

ich hoffe, es geht dir gut.

Mittlerweile bin ich zwei Wochen unterwegs und wir ankern vor Manaus, der Hauptstadt des brasilianischen Bundesstaates Amazonas. Sie liegt am Rio Negro, elf Kilometer entfernt von seiner Mündung in den riesigen Fluss Amazonas.

Wie versprochen schreibe ich dir lieber mehrere kurze Briefe, die jeweils einen Logbuchauszug enthalten.

Aus meinem Logbuch: Herr von Falkenbrauer erzählte von seinen Autos, seiner Finka, seinem Pool und seinem Rennboot. Er findet kein Ende und lässt kaum jemanden zu Wort kommen. Wenn jemand etwas erzählt, dann hat er das auch schon erlebt, besitzt es ebenso, aber bei ihm ist es immer alles größer und besser. Alle scheinen sich zu freuen, wenn er mal auf Toilette muss oder Nachschlag vom Buffet holt.

Außerdem hält er uns wohl alle für taub. Oder will er, dass alle auf dem Schiff wissen, was er in seinem Leben erreicht hat?

Aber genau das verstehe ich nicht. Was hat jemand erreicht, der ein Rennboot hat? Ich finde Rennboote auch aufregend. Aber ein Mann, der nie zuhört, nur von sich redet, nur die eigene Meinung gelten lässt und voller Vorurteile ist, worauf darf der sich etwas einbilden? Da helfen selbst Rennboote nicht.

Ein weiterer Tischgast ist Herr Bommel. Spricht er, hat jedes Wort Gewicht. Er redet ruhig und alle hören ihm gespannt zu. Er ist höflich und schimpft nicht auf alles und jeden. Vorurteile gegen Menschen anderer Nationalität und Hautfarbe kennt er nicht. Wenn er lächelt, wird der Raum ein wenig heller und wärmer. Dieser Mann ist nicht eingebildet, obwohl er wirklich etwas darstellt.

Manche Menschen werden nur alt und andere werden älter und reifen. Manche gar zu wertvollen Persönlichkeiten. Ich hoffe, ich gehöre zu den Letzteren.

Bis bald und viele Grüße - auch an Ipo sowie an alle, die mich mögen, sendet

Josefine Klawitsch

Nachdenklich faltete Mathilde den Brief zusammen und legte ihn auf den Nachtschrank. Sie schloss die Augen und versuchte sich die Schiffsreise vorzustellen. Das riesige Schiff, rollende Wellen und der endlose Horizont …

12. Gregor, Mathilde und „Pareto"

Gregor putzte noch sein Fahrrad, als Mathilde zu früh zum Treffen erschien.

„Magst du dein Fahrrad nicht?"

„Oh, ich habe dich gar nicht kommen hören, Mathilde. Wieso sollte ich mein Fahrrad nicht mögen? Ich putze es doch", antwortete Gregor.

„Ich dachte, weil du weder die Felgen noch die Unterseite putzt. Es sieht nicht besonders gründlich aus."

„Doch, ich mag mein Rad, aber blitzen muss es heute nicht, denn wir wollen doch zu Marei. Deswegen putze ich heute nach der Pareto-Regel", sagte Gregor.

„Klingt interessant. Was ist das? Die Pareto-Regel?", fragte Mathilde und setzte sich auf die kleine Mauer. Gregor beendete sein Putzen und setzte sich neben sie.

„Herr Komarow hat es mir erklärt. Er war früher Manager, und damals war die Pareto-Regel für ihn wichtig. Auch heute im Atelier befolgt er bei vielen Aufgaben diese Regel.

Es geht darum zu überlegen, ob es perfekt sein muss, was ich tue. Bei vielen Aufgaben kann ich in 20 % der Zeit die Aufgabe zu 80 % erledigen. Die restlichen 80 % der Zeit würde ich brauchen, um die Aufgabe perfekt zu lösen – hundertprozentig", erklärte Gregor und malte verschieden große Quadrate auf seinen Skizzenblock.

Mathilde kratzte sich am Kopf und sagte: „Das klingt kompliziert. Und dann auch noch Prozentrechnung."

Gregor fuhr in seiner Erklärung fort: „Das Fahrradputzen ist ein gutes Beispiel. Nehmen wir an, ich bräuchte 10 Minuten, um mein Rad perfekt zu putzen. Dann sind 10 Minuten 100 % der Zeit und das optimal geputzte Fahrrad 100 % des Ergebnisses.

Wenn ich jetzt die Pareto-Regel anwende, dann putze ich zwei Minuten. Ich nehme einen großen, feuchten Lappen und wische Lenker, Rahmen, Räder etc. ab. Zwei Minuten sind 20 % der Zeit und mein Fahrrad ist zu 80 % sauber.

Will ich jetzt noch die Felgen sauber machen, es von unten putzen, alle schwer zu erreichenden Ecken reinigen, dann brauche ich weitere 8 Minuten. Ich brauche also 80 % der Zeit, um die restlichen 20 % zum perfekt geputzten Fahrrad zu erhalten."

„Ich glaube, jetzt verstehe ich. Das ist eine interessante Regel. Lass es mich auch mit einem Beispiel versuchen und sehen, ob ich es kapiert habe. Wenn ich einen Stall perfekt saubermachen will, dann brauche ich 100 Minuten. Wenn ich es nach der Pareto-Regel mache, dann brauche ich nur 20 Minuten."

Mathilde dachte nach und sprach weiter: „Ja, ich glaube, da hast du recht, Gregor. Wenn ich nämlich den Stall perfekt sauber mache, dann mach ich auch die Spinnenweben weg, putz das Fenster, reinige die Futterkrippen und Wasserkrüge und so weiter. Das dauert immer sehr lange. Klar muss das auch getan werden. Aber vielleicht nicht jedes Mal, wenn der Stall ausgemistet wird."

„Ja, genau. Du hast es schnell verstanden, Mathilde.

Das kann man allerdings nicht bei allen Aufgaben anwenden, hat mir Herr Komarow erklärt. Immer wo es zum Beispiel um Sicherheit geht, darf diese Regel nicht angewandt werden. Stell dir vor, jemand baut Autobremsen und arbeitet nicht hundertprozentig – also perfekt, dann wäre das sehr gefährlich. Auch eine Brücke sollte nicht zu 80 % gebaut werden oder ein Flugzeug nur zu 80 % gewartet, das wäre extrem gefährlich."

Mathilde notierte in ihrem Buch noch schnell „*Pareto-Regel ausprobieren, aber Achtung bei Sicherheit*", dann spurtete sie los und rief: „Wer zuerst bei Mareis Haus ist, der gewinnt."

13. Die Mimose

Einige Tage später trafen sich die drei Freunde erneut. Mathilde wollte etwas besprechen.

„Ich finde das echt doof", sagte Mathilde. „Wir haben schon lange nichts mehr für unser gemeinsames Projekt getan. Erst starten wir, machen ein Plan, alle finden das Projekt toll und auf einmal ist alles vergessen."

Betroffene Stille. Mathildes rechtes Auge puckerte, während sie die Skizze zum Projekt betrachtete. Marei zupfte ihren Rock zurecht und Gregor trank einen Schluck Wasser.

„Das stimmt. Wir haben nicht regelmäßig an der Idee 'Wehendes Haar' weitergemacht. Du weißt aber auch, dass Marei Rollstuhlbasketball spielt und ich die Möglichkeit nutze, etwas über Bildhauerei zu lernen.

Du hast das Ziel mit dem eigenen Pferd selbst nicht konsequent verfolgt. Ich bin zufrieden mit dem, was wir erreicht haben. Durch das Radfahren bin ich fit geworden und nicht mehr so oft krank."

Marei ergänzte: „Ja, und ich habe durch das Projekt den Mut bekommen, Sport zu machen, und konnte meine Eltern dazu bewegen, mich beim Basketball anzumelden. Das bedeutet mir viel. 'Wehendes Haar' war eine schöne Idee, ein Symbol für mich, woraus etwas anderes entstanden ist."

„Das stimmt alles, aber wir machen nicht mehr viel gemeinsam, weil jeder sich nur noch um seine eigenen Sachen kümmert. Das macht mich traurig", sagte Mathilde.

Gregor stand auf und sagte: „Nun sei doch nicht gleich so empfindlich. Du bist eine richtige Mimose!"

Marei nickte und konnte ein Kichern nicht verbergen. Mathilde war sprachlos und wusste nicht, was sie darauf erwidern sollte. So viel Undank und Gemeinheit hätte sie ihren Freunden nicht zugetraut. Mit Kloß im Hals und Tränen in den Augen sprang sie auf, lief aus dem Zimmer, stampfte an Gregors Mutter vorbei und ließ die Eingangstür ihren Zorn spüren.

Mathilde sprintete die Straße entlang, als wäre das Türknallen der Startschuss zu einem Wettrennen gewesen. Aber ihre feuchten Augen ließen erkennen, dass der Grund ein anderer war.

14. Der Mondvogel

Pfeifend rührte er sein Müsli um und goss Orangensaft in seine Schüssel.

„Guten Morgen. Ist hier schon jemand außer mir wach? Möchte jemand Müsli? Zum Beispiel du, Mathilde?", fragte ihr Onkel.

Mathilde lächelte gequält, schüttelte den Kopf und biss lustlos in ihr Marmeladenbrot.

„Du kennst unsere Regel noch? Die Ohr-Regel? Wenn du reden willst, leihe ich dir mein Ohr und ich versuche es zu verstehen. Wenn nicht, bleibt es dein Geheimnis".

„Ja, ich kenne die Ohr-Regel. Ich habe mich über Marei und Gregor geärgert. Ich weiß aber noch gar nicht, warum eigentlich."

Mathildes Onkel nickte, rührte sein Müsli um und murmelte: „Du sagst Bescheid – okay?"

„Ja, natürlich", antwortete Mathilde und biss in eines der Apfelstücke, die ihr Onkel ihr hingelegt hatte.

Abends saß Mathilde auf den noch warmen Treppenstufen vorm Haus und beobachtete die flackernde Laterne. In Gedanken wiederholte sie das Gespräch mit Gregor und Marei. Ihr fiel das Wort „Mimose" ein, was sie traurig und zugleich wütend machte. Ihre Gedanken drehten sich im Kreis, als ein Falter auf dem Handlauf der Treppe landete. Der ansonsten dunkelbraune Falter hatte einen hellbraunen Fleck auf dem Rücken. „Das ist aber ein schöner Fleck!", dachte Mathilde

„Freut mich, dass er dir gefällt. Dieser Fleck gab mir meinen Namen. Man nennt mich Mondfleck oder auch Mondvogel."

Mathildes Gedankenkreisel war verschwunden.

„Ich möchte dir erklären, was eine Mimose ist, und du kannst danach überlegen, was das mit dir zu tun hat. Was hältst du davon?"

„Klingt geheimnisvoll. Ja, bitte erkläre es", sagte Mathilde.

„Die Mimose ist eine Pflanze mit einem besonderen Schutzmechanismus. Sie reagiert in Sekundenschnelle auf Berührungen, Erschütterungen, schnelle Abkühlung oder schnelle Erwärmung. Die betroffene Region klappt die Pflanze dann blattweise ein. Aber schon Minuten später strecken sich die Zweige und Blätter wieder aus. Daher kommt auch ihr englischer Name 'Touch me not' – zu Deutsch 'Berühre mich nicht!' Wegen dieser großen Empfindlichkeit der Mimose bezeichnen wir jemanden, der extrem empfindlich reagiert, als mimosenhaft."

„Ja, aber warum bin ich denn empfindlich. Ich habe doch nur gesagt, dass ich enttäuscht bin, dass wir mit unserem Projekt 'Wehendes Haar' nicht weiterkommen."

Der Mondvogel überlegte und antwortete: „Das weiß ich auch nicht. Aber anscheinend haben Gregor und Marei dich als extrem empfindlich erlebt und dich deswegen als Mimose bezeichnet. Glaubst du, deine Freunde wollten dich verletzen?"

„Ich weiß nicht. Nein, eigentlich nicht. Aber auch meine Mitschüler machen sich teilweise über mich lustig, weil ich so viel für Mathe übe, ständig in meinem Buch notiere und so. Und jetzt sagen mir meine Freunde, dass ihnen unser Projekt nicht mehr wichtig ist. Das hat mir wehgetan und mich wütend gemacht."

Der Mondvogel breitete seine Flügel aus und flog zur flackernden Straßenlaterne. Er drehte drei Runden um die Laterne und landete erneut neben Mathilde.

„Wir beide haben eines gemeinsam: Ich bin, wie ich schon erzählte, ein Mondvogel – das ist die Bezeichnung meiner Art. Meine Familie sind die 'Zahnspinner'. Du siehst also, zwei Spinner sitzen auf einer Treppe und unterhalten sich."

Mathilde lachte, nahm ihr Notizbuch und suchte eine freie Stelle. Sie notierte, dass der Mondvogel auch ein Spinner ist und die Mimose eine extrem empfindliche Pflanze. Als sie ihr Notizbuch zuklappte, war der Mondvogel verschwunden. Sie schaute zur Straßenlaterne, wo ein einzelner Falter Kreise um die unruhige Lichtquelle zog, um dann im Zickzack-Kurs im Abendhimmel zu verschwinden.

15. Suche nach den blinden Flecken

Es war bereits in der Frühe warm und die Sonne schien heute einiges vorzuhaben. Während Mathilde Ipo zu Tiberius brachte, dachte sie unentwegt an den Mondvogel und das Projekt „Wehendes Haar". Am Friedhof bemerkte sie, dass sie schon am Kiosk vorbeigegangen war. Jetzt musste sie umkehren und sich beeilen, wenn sie noch pünktlich zum Unterricht erscheinen wollte. Sie setzte zu einem ihrer schnellen Läufe an und Ipo flog mehr hinter ihr her als das er lief.

„Guten Morgen, Tiberius. Hier ist Ipo. Ich muss los, sonst komm ich zu spät. Bis heute Nachmittag und tschüss", rief Mathilde halb im Kommen und halb im Weggehen. Tiberius schnappte die Leine. Kopfschüttelnd schaute er ihr hinterher und rief: „Ciao bella!"

Mathilde schaffte es noch rechtzeitig vor dem Klingeln bis zum Klassenzimmer, um zu erfahren, dass die erste Stunde ausfällt. Herr Rummel war von einer Leiter gefallen und hatte sich den Arm gebrochen. Es war merkwürdig. Früher freute Mathilde sich, wenn die Mathematikstunde ausfiel. Heute dagegen war sie enttäuscht, denn sie beherrschte nicht nur den aktuellen Stoff, sondern hatte sich ebenfalls mit den folgenden Seiten im Mathematikbuch beschäftigt. Ansonsten war es ein normaler Schultag und Mathilde musste immer wieder über den Mondvogel, Mimosen und das Projekt „Wehendes Haar" nachdenken.

„Ciao, Tiberius. Es tut mir leid, wenn ich heute Morgen etwas schnell war, aber sonst hätte ich es nicht mehr rechtzeitig zur Schule geschafft. Mathilde legte ihren Ranzen auf die Bank am Kiosk.

Tiberius nickte und schälte weiter einen Apfel. Mathilde saß eine ganze Zeit auf der Bank, streichelte Ipo und schaute gedankenverloren auf die Stapel Zeitschriften, die frühmorgens angeliefert worden waren.

„Hallo, Mathilde! Jemand zu Hause?", fragte Tiberius und klopfte gegen die Holzwand des Kiosks.

Mathilde schreckte zusammen und drehte sich um.

„Ich muss ständig daran denken, dass ich eine Mimose sein soll. Sagen jedenfalls Marei und Gregor. Bin ich wirklich so empfindlich?"

„Hm, kann schon sein. Was wäre schlimm daran?", fragte Tiberius.

„Dass ich mir vorkomme wie ein Baby, das immer gleich weint. Ich komme mir dann so klein vor."

„So kannst du das sehen. Du kannst aber auch sagen, dass dir bestimmte Dinge bedeutend sind und du nicht bereit bist, hierin gleichgültig zu sein. Dann ist Mathilde empfindlich und zeigt anderen so, dass es ihr wichtig ist. Für andere hingegen ist es nicht so wichtig und folglich wirkt Mathilde für diejenigen wie eine Mimose. Aber – was ist daran so schlimm?"

„Wahrscheinlich, dass die anderen es nicht so sehen wie ich. Dass es ihnen nicht wichtig ist", antwortete Mathilde.

„Mir helfen immer zwei Gedanken, wenn ich kritisiert werde und ich mich dadurch getroffen fühle. Das eine ist der Wunsch, mehr über meine Stärken und Schwächen zu erfahren, denn dann weiß ich wiederum mehr über mich. Das halte ich für wertvoll, um reifer zu werden. So etwas erfahre ich nur von wirklichen Freunden oder von Menschen, die mich nicht mögen. Das Zweite ist die Suche nach den blinden Flecken."

„Was ist das nun wieder?", rutschte es Mathilde heraus.

Tiberius zeichnete einen Kreis und circa 15 Zentimeter links davon ein Kreuz auf ein Stück Papier und sagte: „Halte bitte deine Hand vor das linke Auge. Nun schaust du auf den Kreis. Obwohl du den Kreis anschaust, kannst du trotzdem auch das Kreuz sehen. Richtig?"

„Richtig", erwiderte Mathilde.
„Komm etwas näher an das Blatt
– noch näher."
„Jetzt ist das Kreuz auf einmal
weg!", rief Mathilde.

„Darf ich vorstellen? Der blinde Fleck. Er bezeichnet die Stelle, an dem der Sehnerv in die Netzhaut eintritt. Hier sind wir ꞌblindꞋ. Und diesen blinden Fleck gibt es gleichfalls in unserem Denken. Es sind Dinge, die wir über uns nicht wissen. Andere hingegen nehmen diese Dinge an uns wahr. Viele Menschen sind aber zu höflich, es uns zu sagen. Oder wenn jemand etwas zu uns sagt, wollen wir es nicht glauben, sind beleidigt oder werden wütend.

Wenn irgendwer etwas sagt, das mich trifft, dann könnte es also sein, dass ich einem meiner blinden Flecken auf der Spur bin. Diese Spur zu verfolgen, lohnt sich meist, denn sie kann mir helfen, mich selbst besser kennen zu lernen. Versuch es auch mal", sagte Tiberius und gab Mathilde das Blatt mit Kreis und Kreuz.

Sichtlich begeistert notierte Mathilde diesen neuen Gedanken im Notizbuch und legte den Zettel von Tiberius dazu. Es war Zeit zu gehen, schließlich warfen große Ereignisse ihre Schatten voraus.

„Drückt mir bitte die Daumen. Ciao Tiberius, ciao Ipo."

16. Haie beim Weitsprung

Mit einem Lappen wischte Mathilde die Sportschuhe erneut ab. Sie dachte an das kommende Wochenende. Zum ersten Mal nahm sie an einem Wettkampf teil. Sie war im Lauf- und Sprungteam. Der Wettlauf war kein Problem, denn sie war zwar klein, aber pfeilschnell. Selbst größere, gleichaltrige Mädchen und sogar Jungs sahen beim Wettlauf Mathilde meist von hinten.

Kopfzerbrechen bereitete ihr der Weitsprung. Man könnte auch sagen, Mathilde hatte Angst vor dem Weitsprung. Ihre Gedanken beim Sprungtraining waren stets: „Nicht übertreten, bloß nicht übertreten". Trotzdem hatte sie das Brett nie getroffen. Entweder sie war zu weit weg vom Absprungbalken oder sie trat über, was den Versuch ungültig machte.

„Wenn das am Wochenende passiert, wird meine Mannschaft viele Punkte verlieren", murmelte Mathilde.

„Guten Tag, Mathilde!", sagte der Käfer, der urplötzlich auf dem Griff des Schuhputzkastens saß. „Wie ich sehe, bereitest du nicht nur deine Schuhe für den Wettkampf vor, sondern auch dich."

„Wieso? Ich putz doch nur meine Schuhe!"

„Naja, ich meine, du stimmst dich mental ein", sagte der Käfer. „Wie du das machst, finde ich nicht geschickt. Darf ich dir einen Rat geben?"

Mathilde nickte.

„Denk an das, was du erreichen willst, und nicht daran, was du vermeiden möchtest."

Der Käfer kletterte an der Mauer neben der Treppe hoch, um auf Augenhöhe mit Mathilde einen Platz einzunehmen.

„Mach bitte die Augen zu, Mathilde, und stelle dir folgende Szene vor:

An einem sonnigen Tag gehst du zum Strand. Das warme Wasser reicht dir bis zu den Knien und das Geräusch der Wellen klingt wie Musik in deinen Ohren. Du lässt dich ins Wasser fallen und schwimmst in der Lagune umher. Es ist herrlich erfrischend und macht Spaß. Plötzlich erinnerst du dich an die Worte deines Onkels: 'Hier gibt es keine Haie!'

Mathilde zuckte zusammen, ließ aber die Augen geschlossen.

Tja, Mathilde. Jetzt befindest du dich in einer Traumlandschaft, und obwohl baden hier völlig sicher ist, denkst du an Haie, die es hier überhaupt nicht gibt. Und diese nicht vorhandenen Haie sind nun in deinem Kopf und verderben dir den Genuss des Schwimmens. Du kannst die Augen wieder öffnen", sagte der Käfer und Mathilde rieb sich die Augen.

„Achte auf deine Gedanken, denn mit ihnen kommen Bilder, die wiederum zu Emotionen oder Gefühlen werden.

Wenn du Angst hast, den Balken nicht zu treffen, und immerzu denkst 'tritt nicht über', dann wird die Angst deinen Anlauf verändern und im Kopf spukt das Wort 'übertreten' herum. Schlechte Voraussetzungen für einen gültigen, weiten Sprung.

Wenn du beim Weitsprung an deinen Anlauf und Absprung denkst, versuche daran zu denken, was du erreichen willst. Du willst schnell anlaufen, das Absprungbrett optimal treffen und einen weiten Sprung machen. Versuche es bitte und male dir schon vorher in Gedanken aus, wie du es schaffst!"

Mathilde hatte eifrig mitgeschrieben. Als sie vom Notizbuch aufblickte, war der Käfer fort. Sie legte die Sportschuhe in ihre Tasche, stimmte pfeifend ein Lied an und schloss die Augen.

17. Die Fabel vom wilden Hund

Mathildes Fingernägel wurden kürzer und kürzer. Auch wenn sie die meisten Zensuren kannte, war es spannend, denn die Mathematikzensur wusste sie nicht. Rechnerisch müsste es eine Drei sein, aber ihr Mathematiklehrer hatte Andeutungen gemacht, dass er sich noch nicht sicher war.

Mittags hatte Mathilde endlich Gewissheit: Es war eine Zwei in Mathematik und auch die anderen Zensuren waren besser als erwartet. Pfeifend, hüpfend und ab und zu laufend machte sie sich auf den Weg nach Hause. Als Mathilde die Zeitung für ihren Onkel am Kiosk kaufte, berichtete sie von ihren Noten, worauf Tiberius ihr eine Sportzeitschrift spendierte.

Ihr Onkel hingegen war einerseits froh und andererseits traurig. Er freute sich, dass das Lernen für Mathematik, aber auch für die anderen Fächer erfolgreich war. Eigentlich wollte er mit Mathilde eine Reise machen, doch die Reparatur des Daches hatte mehr Geld verschlungen als geplant. Mathilde war überrascht. Eine Reise mit ihrem Onkel wäre natürlich toll gewesen.

„Glaub mir, ich würde so gerne mit dir wegfahren. Ich hatte alles geplant. Aber nach der Dachreparatur müssten wir dazu an unsere kleine Geldreserve ran. Die habe ich für schlechte Zeiten angelegt, denn wir wissen nicht, was das Leben an Überraschungen noch bringt.

Meine Mutter hat mir früher eine Geschichte erzählt, die mir gut in Erinnerung geblieben ist. Diese Geschichte erinnerte mich stets daran, eine Reserve für schlechte Zeiten zu haben. Die Fabel schrieb ein griechischer Dichter, der ein Sklave war. Sein Name war Aesop und er lebte etwa 550 Jahre vor Christi Geburt. Sie geht so:

Ein wilder Hund fror im Winter jämmerlich. Er kroch in eine Höhle, rollte sich zusammen, zitterte vor Kälte und sprach vor sich hin: 'Wenn es nur wieder Sommer und warm wird, will ich mir eine Hütte bauen, damit ich im nächsten Winter nicht mehr frieren muss'.

Aber als der Sommer mit seiner wohltuenden Wärme kam, hatte er seine guten Vorsätze vergessen. Er lag da, reckte und streckte sich, blinzelte behaglich in die Sonne und dachte nicht mehr daran, sich eine Hütte zu bauen. Der nächste Winter war wieder bitterkalt, und der Hund musste erfrieren."

„Eine traurige Geschichte", sagte Mathilde.

„Ja, stimmt – aber für mich eine lehrreiche Fabel, die in Erinnerung bleibt. Ich bin mir sicher, dass wir trotzdem einen interessanten Sommer haben werden und du ereignisreiche Ferien erlebst", sagte Mathildes Onkel.

Abends kochten die beiden dicke Bohnen mit Speck und Bratkartoffeln – eines ihrer Lieblingsgerichte.

„Ein schöner Ferienanfang", überlegte Mathilde, kaute nachdenklich die knusprigen Bratkartoffeln und lächelte in Richtung ihres Onkels, der im Geiste scheinbar weit weg war, denn er rührte mit seiner Gabel die Bohnen um.

18. Es geht weiter

Als Mathilde zum Reiterhof kam, unterhielt Herr Mettmann sich lebhaft mit einer ihr unbekannten Dame. Sie war sehr dunkelhäutig, ihr schwarzes Kraushaar war zu zahllosen schmalen Zöpfchen geflochten, und sie schien ein fröhlicher Mensch zu sein, denn schon von Weitem hörte man sie lachen, und es war eines jener Lachen, die ansteckend sind.

„Guten Tag, Mathilde. Schön, dass du da bist! Ich möchte dir Frau Lamine Soumaré vorstellen. Sie arbeitet als Krankengymnastin und lässt sich zur Hippotherapeutin ausbilden. Vielleicht klappt es ja doch noch mit den Kursen in der neuen Reithalle.“

Frau Soumaré begrüßte Mathilde und deutete auf die schiffsähnliche Halle. „Herr Mettmann hat mir erzählt, dass du und deine Freunde ihn auf den Gedanken mit der Halle und der Hippotherapie gebracht haben. Wir überlegen gerade, wann wir die Kurse anbieten können und was noch alles zur Vorbereitung nötig ist.“

Mathilde nickte. Sie freute sich, dass es endlich weiterging. Es machte Mathilde aber auch traurig, denn sie musste an Gregor und Marei denken. Ihnen schien das Projekt „Wehendes Haar“, aus dem die Idee mit der Hippotherapie geboren war, nicht mehr wichtig zu sein.

„Möchtest du Frau Soumaré unsere Ställe und Hallen zeigen?“, fragte Herr Mettmann. Mathilde nickte und ein gequältes Lächeln huschte dabei über ihr Gesicht.

Frau Soumaré erfuhr alles über die Stallungen, die Hallen, die Reitparcours, das Lager für Futter und alle anderen Räume für Pferde, Reiter und Personal. Mathilde gefiel, dass die dunkelhäutige Frau sich Notizen machte. Es gab ihr das Gefühl, dass ihre Erklärungen wichtig waren, und sie fühlte sich ernst genommen.

„Danke. Das war ein langer, interessanter Rundgang, Mathilde. Ich freue mich auf die Arbeit mit Herrn Mettmann und dir. Sicher wird die Hippotherapie ein Erfolg. In vier Wochen ist meine Ausbildung beendet. Bis dahin möchte ich in der Nähe ein möbliertes Zimmer gefunden haben. Hast du eine Idee?"

Mittlerweile war es sieben Uhr geworden und Mathilde erinnerte sich, dass sie ihrem Onkel versprochen hatte, Abendbrot zu machen. Es blieben ihr noch 30 Minuten, um nach Hause zu laufen, den Tisch zu decken und Tee zu kochen. Sie verabschiedete sich und versprach Frau Soumaré, ihr an einem der kommenden Samstage das Städtchen zu zeigen.

Mathilde spurtete nach Hause. Sie war sich nicht sicher, ob sie sich freute oder eher traurig war. Es war ein merkwürdiges Gemisch aus beidem. Als der Tisch gedeckt war und das Teewasser kochte, kam ihr Onkel nach Hause, der sofort das Neuste erfuhr.

„Ich höre mich nach einem möblierten Zimmer um. Frag auch Tiberius, der ist einer der am besten informierten Bewohner unserer Stadt."

Mathilde nickte und schrieb etwas auf einen Zettel. Sie lief zum Kühlschrank und klebte ihn an die Tür. Auf ihm war zu lesen: Zimmer für Frau Soumaré suchen. Anschließend räumte sie die Küche auf, wusch das Geschirr ab und dachte über die kommenden Ferien nach.

19. Der traurige Spaziergang

Mit ihrem Onkel und Ipo machte Mathilde einen Spaziergang. Es war warm und hatte geregnet. Dampfende Straßen erzeugten gemeinsam mit Sonnenstrahlen und vereinzelten tief hängenden Wolken eine geheimnisvolle Stimmung. Mathilde erzählte vom blinden Fleck, der Mimose und dem Streit mit Marei und Gregor. Ihr Onkel war ein aufmerksamer Zuhörer, der oft nachfragte. Sie hatte den Eindruck, dass er versuchte, sie wirklich zu verstehen.

„Denkst du auch, dass ich eine Mimose bin?"
„Nein. Das denke ich nicht", antwortete ihr Onkel.

Nach einer Pause sagte er: „Du bist eine liebe und selbstständige junge Dame. Manchmal bist du zickig und hin und wieder unordentlich. Aber eines bist du sicherlich nicht – eine Mimose."

Ihr Onkel war stehen geblieben und schaute seine Nichte traurig lächelnd an. Mathilde setzte sich auf den Stein, der die Abzweigung des Weges zum See markierte. „Aber warum bin ich so wütend geworden und war enttäuscht, dass Marei und Gregor unser Projekt nicht mehr so wichtig finden?"

Ihr Onkel zog seine Jacke aus und setzte sich ins Gras. Er holte eine goldene Dose aus seiner Jackentasche und steckte sich eine Lutschpastille in den Mund.

„Du auch?"

Mathilde schüttelte den Kopf.

„Vielleicht hast du Angst, dass Marei und Gregor dich weniger mögen als früher. Du möchtest die beiden nicht verlieren. Du lebst seit einigen Jahren bei mir, Mathilde. Durch diesen schrecklichen Unfall hast du deine Eltern und ich meine Frau verloren. Seitdem sind wir ein Team und haben weitere Freunde gewonnen. Denk an Tiberius, Frau Klawitsch, Marei, Gregor und Ipo", sagte Mathildes Onkel und streichelte dem dösenden Hund über den Kopf.

„Niemand kann deine Eltern ersetzen und niemand meine Frau. Ich denke aber, dass jeder Freund an unserer Seite wie ein kleines Licht im Dunkel des Herzens ist, das unser Leben ein wenig wärmer und heller macht. Wenn dem so ist, möchtest du sicherlich Mareis und Gregors Freundschaft nicht mehr missen."

Mathildes Onkel schaute nachdenklich auf die goldene Dose und nahm die letzte Pastille. Der Kloß im Hals ließ Mathilde kaum Luft zum Sprechen. Sie konnte nur zustimmend schluchzen. Nach einer Weile spazierten die drei weiter. Sie waren noch am Anfang ihres Weges und heute Abend wollten sie mit Tiberius italienisch kochen.

20. Ein praktisches Geschenk

Es war Freitagnachmittag und die letzten Reparaturen am Dach wurden erledigt. Mathilde reichte den Latthammer und mit gekonnten Schlägen versenkte ihr Onkel die Nägel im Holz.

„Warum bist du nicht Zimmermann geworden?"

„Ich bin nicht schwindelfrei und das ist für den Zimmermannsberuf keine gute Voraussetzung. Hier das Dach von innen zu reparieren ist kein Problem, aber auf einem Gerüst bekomme ich Panik. So konnte ich weder Dachdecker noch Gipser noch Zimmermann werden. Aber ich mag meine jetzige Arbeit. Viele können nicht glauben, dass ein Job bei der Müllabfuhr Spaß bringt, aber das ist deren Problem. Wir sind ein tolles Team, atmen täglich viel frische Luft – auch wenn sie manchmal etwas stinkt – und arbeiten in Bodennähe."

Gemeinsam räumten sie die Baustelle auf, denn das Dach war endlich repariert. Nach dem Abendbrot ging Mathilde in ihr Zimmer, um in ihrem neuen Sportmagazin zu lesen. Auf ihrem Schreibtisch lag ein Päckchen mit einer roten Schleife. Auf einem Kärtchen war zu lesen: *„Ich gratuliere dir zu deinem Zeugnis. Dein Onkel."*

Mathilde setzte sich und tastete das Päckchen ab. Was konnte das sein? Klebestreifen für Klebestreifen wurde gelöst. Ohne das Papier sichtlich zu beschädigen, schaffte sie es, dass eine geldbeutelgroße, khakifarbene Tasche zum Vorschein kam. Sie öffnete den Reißverschluss und hielt nun einen edlen Notizblock mit drei kurzen Stiften, die an Gummilaschen befestigt waren, in ihren Händen. Das war eine tolle Idee von ihrem Onkel, da ihr rotes Notizbuch bereits auseinanderfiel. Mathilde rannte in die Stube, wo ihr

Onkel die Zeitung las, drückte ihn und bedankte sich für das perfekte Geschenk.

„Schön, dass es dir gefällt. Es ist wasserfest. So kannst du auch bei Wind und Wetter Notizen machen. Es hat sogar ein Geheimfach, in dem ich eine Glücksmünze deponiert habe. Das soll einer deiner Notgroschen sein."

„Das ist das schönste Geschenk, das ich je bekommen habe. Gleich heute Abend fange ich an, meine Notizen zu übertragen."

Bis spät in den Sommerabend übertrug Mathilde die wichtigsten Stellen in das neue Notizbuch. Sie wurde nicht fertig, aber ein erster großer Schritt war getan. Glücklich und müde fiel sie ins Bett. Das neue Notizbuch legte sie unter ihr Kissen, knipste das Licht aus und flüsterte: „Danke, Onkel!"

21. Der langsame Herr Bommel

„Ein Brief für dich“, rief der Postbote und bremste sein gelbes Fahrrad neben Mathilde. Sie nahm den bunten Umschlag entgegen, bedankte sich und setzte sich auf die Mauer unweit von Tiberius' Kiosk.

„Trinidad und Tobago? Wo ist das nun wieder?“, überlegte Mathilde, öffnete vorsichtig den Brief und begann zu lesen.

Liebe Mathilde,

ich hoffe, es geht dir gut, Ipo ist brav und auch alle anderen sind wohlauf. Gestern erreichten wir den Hafen Port-of-Spain. Trinidad ist die größte Insel einer Gruppe, die den Inselstaat Trinidad und Tobago bildet. Wenn du nachschauen möchtest, wo er liegt, dann suche ihn nordöstlich von Venezuela/Südamerika.

Leider haben wir von der Insel noch nicht viel sehen können, da der Seegang eine Landung unmöglich macht. Deswegen schreibe ich dir mal wieder von meinen Erlebnissen und schicke dir Auszüge aus meinem Logbuch, das ich übrigens jeden Tag fleißig fülle. Das macht Spaß.

Mathilde, ich muss dir gestehen - ich mag Herrn Bommel. Er ist ein interessanter und, wie ich jetzt von einem Kellner erfuhr, auch ein erfolgreicher Mann. Dabei tritt er so bescheiden auf und behandelt alle an Bord respektvoll, ob nun Kinder, das Bordpersonal oder eine alte Opernsängerin. Beim Kaffee erzählte Herr Bommel mir eine schöne Geschichte, von der ich dir berichten muss.

„Ich wuchs in einfachen Verhältnissen auf. Ich war etwas langsamer im Denken und so einiges fiel mir schwer. Aber ich schaffte die Schule trotzdem, denn ich blieb dran und war fleißig. Ich begann meine Lehre. Auch hier war ich sicher nicht der Beste und Schnellste, aber ich blieb dabei und ging Schritt für Schritt konsequent, wenn auch langsam, meinen Weg.

Im Hinterkopf hatte ich immer die Geschichte von der Schildkröte und dem Hasen. Die Fabel von Aesop erinnerte mich stets daran, wenn mir etwas nicht sofort gelingen wollte.

Die Geschichte geht folgendermaßen:

Eine Schildkröte wurde wegen ihrer Langsamkeit von einem Hasen verspottet. Eines Tages forderte die Schildkröte den Hasen zu einem Wettlauf heraus.

Der Hase nahm mehr aus Scherz als aus Prahlerei die Herausforderung an. Der Tag des Wettlaufs kam. Das Ziel wurde bestimmt und beide betraten die Bahn. Die Schildkröte kroch langsam, jedoch unermüdlich fort. Der Hase legte sich, um den Hohn gegen die Schildkröte aufs höchste zu treiben, nach unendlich vielen Seitensprüngen, nur noch wenige Schritte vom Ziele entfernt, in das Gras nieder und schlief vor Mattigkeit ein.

Vom Jubel der Zuschauer wurde der Hase geweckt, denn die Schildkröte hatte das Ziel erreicht. Als sie vom Ziel in seine Richtung zurückkehrte, ging er voller Scham auf die Seite. Er gestand frei, dass er in seinem zu großen Vertrauen auf seine Schnelligkeit vom langsamsten Tier der Welt beschämt worden war.

Diese Geschichte hat mir immer wieder Mut gegeben, dranzubleiben und durchzuhalten. So fand ich meinen Weg, habe mein Glück gemacht und es so zu bescheidenem Reichtum gebracht."

Wie findest du die Geschichte, Mathilde?

Lass uns darüber sprechen, wenn ich zurück bin.

Viele Grüße! Und „immer eine Handbreit Wasser unter dem Kiel" wünscht dir

Josefine Klawitsch

Motiviert von den Zeilen setzte Mathilde sich abends an den Küchentisch und übertrug ihre Einträge in das neue Notizbuch. Die Geschichte von Herrn Bommel schrieb sie in Stichworten auf, um sich gut zu erinnern. Außerdem unterstrich sie Wörter, die man als Überschrift der Geschichte verstehen könnte.

Frau Klawitschs Weltreise, Logbuch, <u>Geschichte Herr Bommel</u>, einfache Verhältnisse, nicht der Schnellste und Hellste, dranbleiben, konsequent, ihm geholfen, Geschichte von <u>Schildkröte und Hase</u>, Aesop, griechischer Sklave, Herr Bommel heute erfolgreich, glücklich und wohlhabend

„Das passt gut zu einem Eintrag im alten Notizbuch", sagte Mathilde und winkte mit dem Notizbuch in Ipos Richtung.
Hilf deinem Glück, indem du dich verpflichtest, darauf zuzugehen, und zwar Schritt für Schritt.

Sie las Ipo weitere Einträge vor und versuchte sie zuzuordnen. Teilweise kürzte sie beim Übertragen, um mehr Platz für kommende Notizen zu haben. Die letzten Zeilen, die sie ins neue Notizbuch übertrug, waren:

Manchmal sollte man einfach vertrauen und ausprobieren.

Mit viel Übung kann man viel erreichen und schon bald kann man etwas sehr gut.

Schreib deine Aufgaben, Ideen und alle anderen wichtigen Punkte in dein Notizbuch, um dich zu erinnern.

Gib dir eine gute Chance und bereite dich vor.

Feiere auch mal kleine Erfolge mit deinen Freunden oder alleine.
Manche Dinge sollten wir für uns behalten. Sie sind unser kleines Geheimnis,
sind unser Talisman oder Glücksbringer, den nur wir kennen. (Schnecke,
Käfer, Findling Rosei …)

Dein Notizbuch ist nicht dazu da, es vollzuschreiben, sondern um das wirk-
lich Wichtige aufzuschreiben und dich daran zu erinnern. (Denk an den Sitz
bei Rosei!)

Mathilde steckte das alte Notizbuch in eine Tüte, klebte sie mit
Paketband zu und versteckte sie in der Abseite hinter dem Klei-
derschrank. Eines Tages wollte sie ihre Bücher erneut lesen und
ein großes Notizbuch schreiben, um es ihren Freunden zu wid-
men. Ipo begann unter dem Küchentisch zu schnarchen, als Mathilde beim Gedanken an den kommenden Tag heiß und kalt wurde. Sie wälzte sich von links nach rechts und schlief erst spät ein.

22. Der Wettkampf

Ihr Herz schlug besonders weit oben und das flaue Gefühl im Magen war auch wieder da. Aber diese Zeichen von Lampenfieber kannte Mathilde und sie wusste, was zu tun war.

Sie zog wie in Zeitlupe ihre Trainingshose und die Sportjacke aus. Dann öffnete sie die Schnürsenkel der Spikes und band sie fester zu. Sie atmete tief ein und aus und schaute in Richtung des großen Kastanienbaums. Zuerst war der Sprint an der Reihe.

„Mathilde, Mathilde, Mathilde", riefen Marei und Gregor im Duett. Sie saßen neben Tiberius und ihrem Onkel auf der Tribüne und winkten mit Kartonbögen, auf denen in kunstvoller Schrift ihr Name zu lesen war.

„Auf die Plätze! – Fertig! – Los!" Die Mädchen schnellten aus den Startblöcken und spurteten los. Mathilde startete schlecht, aber mit kleinen, trommelnden Schritten fegte sie an den älteren und größeren Konkurrentinnen vorbei. Mühelos flog sie zum Ziel und erreichte es mit Abstand als Erste.

„Marei. Gregor. Toll, dass ihr da seid", rief Mathilde.
„Und was ist mit uns?", rief Tiberius.
„Oh, natürlich. Tiberius, Onkel. Danke, dass ihr mich unterstützt.

Doch sie hatten keine Zeit, sich lange zu unterhalten, schon wurde ihr Name erneut aufgerufen.

Mathilde lief zu Holzbank, öffnete die Schnürsenkel ihrer Spikes und band sie fester zu. Sie atmete tief ein und aus und schaute dabei erneut in Richtung Kastanienbaum. Sie schloss die Augen und *sprintete in Gedanken ab ihrer Markierung los. Der Kopf ist aufrecht und der Lauf schnell, aber entspannt. Das Absprungbrett kommt immer näher und sie trifft das Brett perfekt und fliegt weit. Ein guter Sprung!* Sie wollte die Übung in Gedanken wiederholen, als eine ihrer Konkurrentinnen sie anstupste.

„Ich glaube, die warten auf dich, Mathilde", sagte sie und zeigte zur Weitsprunggrube, wo ein Schiedsrichter mit den Armen fuchtelte. Mathilde öffnete die Augen, ging federnd zu ihrer Anlaufmarke und schloss die Augen erneut, um sie kurz darauf zu öffnen und loszulaufen.

„Das waren die besten Sprünge, die ich je gemacht habe", erklärte Mathilde auf dem Weg nach Hause. „Ich bin so froh, dass ich meinem Team einige Punkte eingebracht habe. Vielleicht, wenn wir als Team noch besser werden, gewinnen wir."

„Ja, du warst spitze – konzentriert und trotzdem locker. Aber wir haben da noch eine Frage an dich. Gerne möchten wir, also Marei und ich, dich morgen in die Werkstatt von Herrn Komarow einladen", sagte Gregor und grinste geheimnisvoll.

Sie verabredeten eine Zeit für das Treffen und schlenderten erzählend und lachend nach Hause, als wäre es nie anders gewesen.

23. Eine verrückte Idee

Zur verabredeten Zeit trafen sich die drei Freunde. Meist waren sie pünktlich, sie hatten nämlich vereinbart, dass derjenige, der zu spät kommt, einen kleinen Geldbetrag in die gemeinsame Kasse zahlen musste. Diese wurde genutzt, wenn sie Lust auf Eis oder Pommes hatten. Und das kam oftmals vor.

Gregor führte Mathilde und schob Marei vor die silberne Wellblechhalle, wo er sie bat zu warten. Kurz darauf kam er mit einem Karton und einem Modell von Herrn Mettmanns Hof zurück und stellte den Miniaturhof auf die Bank vor der Halle.

Mit den Maßstäben war Gregor nicht zufrieden, aber sie waren sich einig, dass es für eine Präsentation gut genug war. Er erklärte die Bereiche des Modells, was nicht notwendig war, denn Mathilde kannte den Hof mittlerweile in- und auswendig.

„Bevor wir starten, möchten wir uns bei dir entschuldigen, Mathilde. Es war nicht nett von uns, so über das Projekt und dich zu reden", sagte Gregor und nickte Marei zu. Sie übernahm: „Ja, Mathilde, das war ganz schön gemein von uns. Aber wir haben nicht gemerkt, dass wir dich verletzen. Als Gregor und ich uns neulich zusammengesetzt und über eine Entschuldigung nachgedacht haben, ist uns eine Idee gekommen."

Gregor war an der Reihe: „Du weißt, dass Herr Komarow zwar ein großartiger Künstler ist, dass aber das mit dem Verkaufen nicht so klappen will. Wenn er aber nicht bald mehr verkauft, muss er aus seinem Atelier raus. Deswegen haben wir überlegt, ob es vielleicht eine Kombination aus dem Projekt 'Wehendes Haar' und einer Lösung des Problems von Herrn Komarow geben könnte."

Marei ergänzte: „Wir haben noch keinem von dieser Idee erzählt, wir wollten das erst mit dir besprechen."

Mathilde stand mit offenem Mund vor dem Modell. Das war alles etwas viel auf einmal und ihr war nach Weinen und Lachen zumute. Gregor und Marei stellten winzige Skulpturen auf das Modell und erklärten, warum was wo steht. Beim Miniaturhof war das Dach der Halle abnehmbar und im Inneren sah man farbenfrohe Bilder. Als Letztes platzierte Marei eine größere Skulptur. Sie deutete einen Radfahrer, ein Pferd mit Reiter und eine Läuferin an.

„Das sind wir aus Stein", sagte Gregor. „Es soll uns daran erinnern, was wir erreichen wollen, und könnte ein Symbol des Reiterhofs werden. Pferde, Hippotherapie, Kunst, auch verwirklichte Wünsche und Ziele. Die Skulptur wird mein Gesellenstück", sagte Gregor und lachte.

„Eine verrückte Idee! Aber es könnte klappen", sagte Mathilde, die ihre Sprache wiedergefunden hatte. „Jetzt müssen wir nur überlegen, wie wir Herrn Mettmann und Herrn Komarow dafür begeistern."

„Genau", sagte Gregor und Marei nickte. Über eine Stunde sammelten die drei Ideen und Aufgaben.

„Das wird ganz schön viel Arbeit", sagte Gregor und schaute auf seine Uhr.

„Danke!", sagte Mathilde und umarmte ihre Freunde.

Der Heimweg schien ihnen kürzer als sonst. Sie sprudelten weiterhin über vor Ideen. Immer wieder blieb Mathilde stehen und notierte zum Schluss in ihrem Buch: *Seltsam, wie sich die Farbe der Gedanken verändert, wenn Hoffnung die Angst verdrängt.*

24. Die Knallvergnügte

Einige Tage später kam erneut Post von Frau Klawitsch. Auf der Postkarte war ein blasender Wal abgebildet. Die gigantische Wasserfontäne ließ einen Regenbogen entstehen. Trotz der sauberen Schrift musste Mathilde genau hinsehen, um die Zeilen zu entziffern.

Hallo, Mathilde,

ist das nicht ein tolles Bild? Ich hoffe, wir entdecken auf unserer Fahrt auch einen Wal. Dies ist mein heutiger Logbuchauszug:

Morgenstund hat Gold im Mund

Ich bin so knallvergnügt erwacht.
Ich klatsche meine Hüften.
Das Wasser lockt. Die Seife lacht.
Es dürstet mich nach Lüften.

Ein schmuckes Laken macht einen Knicks
Und gratuliert mir zum Baden.
Zwei schwarze Schuhe in blankem Wichs
Betiteln mich „Euer Gnaden".

Aus meiner tiefsten Seele zieht
Mit Nasenflügelbeben
Ein ungeheurer Appetit
Nach Frühstück und nach Leben.

Ist das nicht ein schönes Gedicht, Mathilde? Es ist von Joachim Ringelnatz, einem deutschen Lyriker, Erzähler und Maler. Du fragst dich nun vielleicht, warum ich das Gedicht ins Logbuch geschrieben habe. Vor allem, weil ich bekanntermaßen keine Frühaufsteherin bin.

Seit einigen Tagen allerdings stehe ich früh auf. Es ist dann noch so ruhig auf dem riesigen Schiff und das sanfte Stampfen der Dieselmotoren hat etwas ganz Besonderes. Der meist herrliche Sonnenaufgang ist ein großartiger Start in den Tag und die Spaziergänge an Deck wecken alle Lebensgeister.

Mit Appetit gehe ich danach in einen der Frühstücksräume, in denen noch wenig Betrieb ist. Kein langes Anstehen wie sonst und keine Menschenmenge in einem lauten Raum, während ich versuche, wach zu werden.

Der Frühstückskaffee und das Honigbrötchen schmecken mir neuerdings noch besser. Dafür stehe ich gerne früher auf.

Wenn ich wieder zurück bin, möchte ich mich daran erinnern, und dabei werden mir das Gedicht von Ringelnatz und meine

Erlebnisse hier an Bord helfen. Da bin ich mir sicher.

Soviel für heute, mir geht der Platz zum Schreiben aus.

Liebe Grüße an alle, die mich mögen und vermissen

Josefine Klawitsch

25. Glückliche Zimmer

„Das ist der Kiosk von Tiberius, einem Freund von meinem Onkel und mir. Ich habe ihn gebeten, sich nach einem Zimmer umzuhören."

Es war Samstag und Mathilde zeigte der zukünftigen Mitarbeiterin von Herrn Mettmann die Stadt. Sie machte Frau Soumaré und Tiberius miteinander bekannt.

„Hast du eine Idee, Tiberius?"
„Ich habe lange überlegt, nachdem dein Onkel mich darauf angesprochen hatte. Nun habe ich mich entschieden, zwei meiner leer stehenden Zimmer zu vermieten. Vielleicht gefallen sie Ihnen, Frau Soumaré. Das Haus ist groß, und leerstehende Zimmer sind selten glücklich."

Die drei vereinbarten, dass sie sich abends treffen, um die Zimmer zu begutachten. Zur Besichtigung waren sie zu viert, denn auf Mathildes Drängen war ihr Onkel mitgekommen.

„Schön, dass du auch da bist", sagte Tiberius. „Wie findest du meine Idee, die Zimmer zu vermieten?"

Mathildes Onkel fand die Idee gut. Eine helfende Hand im Haus konnte Tiberius gut gebrauchen und Frau Soumaré machte Eindruck auf ihn.

Frau Soumaré war begeistert von den Zimmern und dem verwilderten Garten. Schnell waren sie sich einig, dass die Zimmersuche abgeschlossen sei.

„Ich komme aus der Stadt Mbour. Das liegt im Senegal, einem Staat in Westafrika. Unsere Hauptstadt ist Dakar, die vielen durch die große Rallye bekannt ist. Ich war noch ein kleines Mädchen, als ich hierherkam. Mein Vater hatte die großartige Chance, in eurem Land Medizin zu studieren. Heute arbeitet mein Vater als Arzt und meine Mutter als Lehrerin im Senegal. Auch meine beiden Brüder und meine Schwester sind wieder zurückgegangen. Tja, nur ich bin geblieben, denn ich habe hier meine Heimat gefunden."

Eigentlich wollte sie nur die Zimmer ansehen, aber es wurde ein langer Abend mit Wein, Wasser, Brot und Käse sowie vielen Geschichten. Es war eine Feier, für die man keinen Anlass braucht, sondern einzig die richtigen Menschen.

Spät verabschiedete Tiberius seine Gäste. Es war eine warme Vollmondnacht und auf ihrem Heimweg wurden sie vom Gesang unzähliger Grillen begleitet.

„Und?", fragte Mathilde ihren in Gedanken versunkenen Onkel.
„Und was, Mathilde?"
„Wie gefällt dir Frau Soumaré? Ich mag sie."

„Hm. Da muss ich jetzt aufpassen, was ich sage. Du schaust gerade so, als wolltest du mich verkuppeln. Aber um deine Frage zu beantworten, ich finde Frau Soumaré sympathisch und ich glaube, Herr Mettmann hat Glück, dass sie sein Team verstärkt."

Mathilde grinste und ihr Onkel schloss schwungvoll die Eingangstür auf.

26. Tapetenkunst und der Talisman

Ipo, der offizielle Team-Talisman, schlief jedes Mal unter dem Tisch ein und schnarchte. Tagelang hatten sie überlegt, wie sie Herrn Komarow und Herrn Mettmann von ihrer Idee begeistern. Alle noch so verrückten, unrealistischen oder wirren Ideen und Argumente wurden gesammelt. Gregor schrieb sie auf eine Tapete, die sein Vater aus seinen Restbeständen spendiert hatte.

„Mir fällt nichts mehr ein", sagte Marei und ließ ihren Blick über die vollgeschriebene Tapete schweifen, die am Schrank klebte.

„Wir sollten anfangen, zu sortieren und zu streichen. Was haltet ihr davon, wenn ich mit Blau die Punkte markiere, die Herrn Mettmann gefallen müssten, und mit Grün die für Herrn Komarow?", fragte Gregor.

Mathilde und Marei gefiel die Idee und so wurde geordnet, gestrichen und markiert. Die Tapete ähnelte immer mehr einem Kunstwerk. Als Gregor die letzte Unterstreichung vornahm, betrachteten alle zufrieden das Ergebnis.

Mathildes Aufgabe war es, in Schönschrift Dokumente anzufertigen. Eines für Herrn Mettmann und eines für Herrn Komarow. Diese Seiten sollten kopiert und beim nächsten Treffen kontrolliert werden. Die Freunde überließen nichts dem Zufall.

„Das hat Spaß gemacht, wir haben tolle Ideen gefunden und obendrein ein Tapetenmuster kreiert", sagte Mathilde. Marei und Gregor lachten, was den Talisman weckte, der jetzt schlaftrunken durch das Zimmer torkelte.

Sie vereinbarten das nächste Treffen sowie einen Termin, bis wann sie spätestens ihre Idee vorstellen wollten. Da sie sich einig waren, dass Herr Komarow schwieriger zu überzeugen wäre, wollten sie sich mit ihm zuerst treffen. Gregor sollte einen Termin mit ihm vereinbaren. Nach einem erfolgreichen Gespräch mit Herrn Komarow war es an Mathilde, ein Treffen mit Herrn Mettmann und Frau Soumaré auszumachen.

27. Radfahrer und Ziele

„Guten Morgen, Mathilde", rief ein gut gelaunter Käfer und tauchte hinter dem Marmeladenglas auf.

Müde erwiderte Mathilde den Gruß. Sie hatte am Vorabend bis spät in die Nacht die Seiten für Herrn Mettmann und Herrn Komarow in ihrer schönsten Schrift geschrieben.

„Ich soll dich vom Mondvogel grüßen und die Schnecke sagt 'toi, toi, toi'. Schön, dass ihr wieder Fahrt aufnehmt, Marei, Gregor und du. Was gibt es Besseres, als im Team Ideen zu verwirklichen und Erfolge zu feiern?"

„Ja, da hast du recht. Aber eine Zeitlang hab ich mich alleingelassen gefühlt und ein bisschen wie eine Spinnerin."

Der Käfer nickte. „Stell nicht zu hohe Anforderungen an deine Mitmenschen. Das wird dir Kummer ersparen. Nimm die Menschen an, wie sie sind. Andere gibt es nicht."

Mathilde grinste und machte eine Notiz.

„Dann und wann verlieren wir auf dem Weg zu den Wünschen und Zielen den Schwung. Hochmotiviert geht es los, erste Erfolge zeigen sich. Als Nächstes kommt das notwendige tägliche Tun, was zwischen unseren vielen anderen notwendigen Aufgaben oft einschläft. Aber in der Regel wird durch das Dranbleiben der Erfolg möglich."

„Moment. Nicht so schnell", sagte Mathilde.

„Ich vergleiche es gerne mit dem Radfahren. Du brauchst viel Energie, um das Fahrrad in Gang zu bringen, es zu beschleunigen.

Dann wird es leichter, weil du nur die Geschwindigkeit halten musst. Steigst du jedoch häufig ab und bremst die Fahrt komplett, musst du dich immer wieder neu motivieren. Du musst jedes Mal viel Energie investieren, um deine Fahrt fortzusetzen."

Der Käfer probierte vom Marmeladenklecks auf dem Wachstuch.

„Versuche eine gleichmäßige Geschwindigkeit zu finden, die deinen Kräften entspricht. Tritt weder zu schnell noch zu langsam. So gelangst du zum Ziel, selbst wenn es bergig wird und die Fahrt lang und beschwerlich ist."

Noch eine ganze Weile diskutierten sie über Wünsche, Ziele und Ideen, wie man sich helfen kann dranzubleiben, über Ausreden und die Frage, warum hin und wieder die Motivation nachlässt.

„Spannende Themen. Es freut mich, dass du deinen Weg suchst, anderen zuhörst, Dinge probierst und bereit bist, eine Spinnerin zu sein." Der Käfer verschwand hinter dem Marmeladenglas. Ein Quäntchen glücklicher saß Mathilde am Frühstückstisch und dachte an die kommenden Tage.

28. Das traurige Seelendilemma

Mathilde knipste die Schreibtischlampe an, um einen weiteren Brief von Frau Klawitsch zu lesen. Ihm lag eine gepresste Blüte mit filigranen orangefarbenen Blättern bei. Sie erinnerte an ein lachendes Gesicht, was Mathilde veranlasste, die Blüte in ihr Notizbuch zu kleben, und zwar auf die Seite wo stand: *Ein gutes Mittel gegen kleine Gemeinheiten ist Freundlichkeit.* Danach las sie den Logbucheintrag.

... und wieder erzählt Herr von Falkenbrauer langatmig, was er alles hat, kann und weiß.

Erzählt jemand von Dingen, die er kennt, gut kann oder erlebt hat, so kann sich jeder am Tisch sicher sein, dass Herr von Falkenbrauer es besser weiß oder kann oder es größer und schöner erlebt hat. Manchmal steigt in mir der Zorn auf. Aber im selben Moment merke ich, dass das töricht ist.

Ich denke dann schweigend an euch - an Tiberius, deinen Onkel, Marei, Gregor, Ipo und natürlich an dich. Solche Vorfälle zeigen mir deutlich, was für wertvolle Menschen mich zu Hause umgeben. Das ist ein Geschenk, ein Schatz. Das will ich nie vergessen. So wird mir in Zukunft Herr von Falkenbrauer als Gedächtnisstütze helfen. Du weißt ja, jeder kann Freude machen: der eine, wenn er kommt. Der andere, wenn er geht!

Herr Bommel hat dazu eine interessante Meinung, die er mir nach hartnäckigem Drängen verriet. Er glaubt, dass Herr von Falkenbrauer eine traurige Seele hat und es nicht böse meint. Er denkt, dass er nur Anerkennung möchte. Aber der Weg, den er wählt, ist unglücklich und bewirkt genau das Gegenteil. Herr Bommel nennt es das „Traurige Seelendilemma".

Frau Klawitsch berichtete noch von Menschen, Orten und Erlebnissen. Allerdings war Mathilde beim Lesen nicht mehr bei der Sache.

„Was, wenn Wiegbert eine traurige Seele hat und einen ungeschickten Weg geht, um wieder glücklich zu werden?", murmelte Mathilde. Sie schlug ihr Buch auf und machte einige Notizen unter der Überschrift „Das traurige Seelendilemma".

Mathilde klappte das Notizbuch zu und murmelte: „So wichtig ist das nicht. Wichtiger ist, dass Gregor erfolgreich bei seinem Gespräch bei Herrn Komarow ist. Irgendwie habe ich ein komisches Gefühl."

29. Atelierverbot

Gregor war früher als üblich auf seinem Weg zum Atelier. Immer wieder schaute er auf den Zettel mit den Ideen für die Ausstellung, während er sein Fahrrad steuerte.

„Was mache ich, wenn Herr Komarow mir gar nicht zuhören will?" Gregor hatte die ganze Nacht gegrübelt und machte sich Sorgen. Zum einen wollte er Mathilde und Marei nicht enttäuschen und zum anderen Herrn Komarow helfen. Es war auch Eigeninteresse dabei, da die Arbeit im Atelier ihn begeisterte, und er wollte noch viel lernen. Er lehnte sein Fahrrad gegen die Kastanie und betrat mit flauem Magen die Werkstatt. Aber niemand war da und eine eigenartige Ruhe füllte die Räume.

Jemand musste indes seit gestern gearbeitet haben, da er am Vortag die Werkstatt aufgeräumt verlassen hatte. Jetzt lagen die Werkzeuge verstreut herum, herausgehauenes Material bedeckte den Boden und die Schürze hing über der Statue, an der Herr Komarow arbeitete. Gregor legte den Zettel auf eine der hölzernen Werkbänke, holte den Besen und fegte die Werkstatt aus.

Er räumte die Werkzeuge in die Tragekästen zurück und stellte sie in die Schränke. Herr Komarow hielt Ordnung für notwendig, um kreativ zu sein. Alles hatte sonst seinen Platz, aber heute herrschte Chaos.

Gregor ließ sich auf die Steinbank fallen, die der Bildhauer nutzte, um seine Arbeiten zu begutachten und über die nächsten Schläge nachzudenken. Müde betrachtete er die Statue mit dem Namen Hebe. Sie trug ein langes Gewand, hielt eine Schale in der linken Hand und einen Krug in der rechten. „Wunderschön", flüsterte Gregor, „so würdevoll und so graziös. Wo wird wohl Herr

Komarow als Nächstes den Meißel ansetzen?" Dann übermannte ihn der Schlaf.

Hämmern schreckte Gregor auf. Kraftvoll schlug Herr Komarow das Material aus dem Block. Jeder Schlag schien einem Plan zu folgen. Er arbeitete entspannt und ohne Hast, komplett in die Aufgabe vertieft. Seine Augen strahlten und ein Lächeln umgab seinen Mund. „Das muss ihm viel Freude machen", überlegte Gregor und setzte sich aufrecht hin.

„Du hast wohl Schlaf nachzuholen?", fragte Herr Komarow.

„Ja", sagte Gregor und wollte weitersprechen, als der Bildhauer sich zu ihm drehte und den Zeigefinger auf seinen Mund legte. Fasziniert, aber stumm schaute er dem Bildhauer zu.

Über eine halbe Stunde hallte das Hämmern. Den Boden bedeckte herausgehauenes Steinmaterial und mit jedem Schlag wuchs Hebes Anmut. Herr Komarow legte fast liebevoll die Werkzeuge auf die Werkbank. „Komm, ich geb einen aus." Gregor trank ein Glas Orangensaft und Herr Komarow schlürfte seinen Kaffee.

„Gregor, Gregor!" Herr Komarow und schüttelte den Kopf. „Du bist mir einer. Hinter meinem Rücken heckst du Pläne aus."

„Eh, ja, also, das war so …" stammelte Gregor. Vergeblich suchte er nach dem Anfang seiner Erklärung.

„Beruhige dich! Es ist alles in Ordnung und du hast es mit Sicherheit gut gemeint. Wie du dir denken kannst, habe ich den Zettel auf der Werkbank gesehen und dein überaus gelungenes Modell gefunden. Ich danke dir und deinen Freundinnen für euer Engagement." Herr Komarow nahm einen Schluck Kaffee.

„Leider ist es nicht einfach für mich, meine Arbeiten zu verkaufen. Ich weiß, dass ich etwas tun muss. Aber …“, Herr Komarow hielt inne und schaute zu Hebe. Eine ganze Weile schien er weit weg zu sein, als er plötzlich aufstand, zum Fenster schritt und es öffnete. Er holte mehrmals tief Luft, drehte sich um und schaute Gregor an.

„Ich danke dir. Bitte mach Schluss für heute, ich muss allein sein. Komm auch in den nächsten Tagen nicht in die Werkstatt. Ich melde mich und wir werden sehen, wir werden sehen.“

Gregor schlich zum Fahrrad und trat verwirrt den Weg nach Hause an.

30. Überraschung beim Sportfest

Es war Mathildes erstes Sportfest. Ihr Trainer hatte sie für den Fünfkampf angemeldet und die Ergebnisse der ersten drei Disziplinen waren vielversprechend. Beim Weitsprung war ihr der erste Sprung gut gelungen. Mathilde lag auf Rang drei und sah den kommenden Versuchen gelassen entgegen. Als Letztes war der 800-Meter-Lauf an der Reihe – ihre Lieblingsdisziplin. Leider saßen ihre Freunde nicht im Publikum und auch ihr Onkel hatte keine Zeit.

In Vorbereitung auf die Sprünge wechselte sie wie jedes Mal ihre Schuhe. Sie zog die Sandalen aus und die Schuhe mit den Dornen am vorderen Teil der Sohle an. Als Mathilde den zweiten der sogenannten Spikes anzog, zuckte sie zusammen. Siedend heiß fiel ihr ein, dass sie ihre Laufschuhe gestern zwar geputzt, aber … Hastig durchsuchte sie ihre Sporttasche. Tatsächlich – ihre Schuhe standen auf der Treppe vor dem Haus. Sie stellte sie manchmal dicht an die Wand, neben der Mülltonne. So wurden sie nicht nass und lüfteten nach dem Putzen aus. Leider konnte man sie dort vergessen, und genau das war ihr ausgerechnet heute passiert.

Erneut, aber wilder suchte Mathilde in ihrer Tasche. „Oh nein! Was kann ich bloß tun? Soll ich mit den Spikes laufen? Nein, das ist keine gute Idee. Außerdem gehören die Spikes dem Verein und sind dafür auch nicht geeignet. Vielleicht frage ich den Trainer, ob er mit dem Auto …", überlegte Mathilde. Den Gedanken verwarf sie schnell. Ihr Trainer hatte eine ganze Mannschaft zu betreuen und konnte ihr nicht Schuhe hinterhertragen.

Gleich war sie an der Reihe. Ihre Gedanken kreisten nur um die Schuhe und den wichtigen Lauf. Sie lief hin und her, schaute wieder in die Tasche, setze sich auf die Bank, sprang auf und fluchte wenig damenhaft. Der nächste Versuch im Weitsprung war eine

Katastrophe. Erst ein unregelmäßiger Anlauf und dann ein Absprung, der eher wütend als kraftvoll war.

„Der Sprung war aber nicht so gut wie der Erste", rief jemand. Mathilde klopfte den Sand ab und schaute sich wütend um.

„Hallo, Mathilde. Ich bin hier hinten." Jetzt hatte sie die passende Person zur Stimme gefunden.

„Erst die Schuhe vergessen und jetzt auch noch dieser Besserwisser. Was kommt noch?", überlegte Mathilde während Wiegbert sich näherte.

„Du warst nicht so gleichmäßig im Anlauf wie beim ersten Versuch. Es sah aus, als wenn du das Absprungbrett wütend getreten hättest", sagte Wiegbert.

Wahrscheinlich lag es daran, dass niemand anderes da war und Mathilde über ihr Problem reden musste. Sie erklärte ihrem Klassenkameraden die Situation, der aufmerksam zuhörte und sich freute, dass sie mit ihm sprach.

„In 30 Minuten startet dein Wettlauf? Das schaff ich. Versuch Zeit zu schinden, falls ich zum Start noch nicht da bin", sagte Wiegbert im Rückwärtsgehen. Dann drehte er sich um und lief los. Er war nicht schnell, aber es sah entschlossen aus und schon bald saß er auf seinem gelben Fahrrad und brauste los.

Mit offenem Mund stand Mathilde neben der Weitsprunggrube und schaute Wiegbert staunend nach. In Gedanken ging sie zur Bank und zog die Spikes aus.

Der nächste Sprung war besser und nun hieß es warten, ob jemand auf einem gelben Fahrrad Schuhe transportierte. Kurz vor dem Start war der Heranrasende klar zu erkennen. Immer wieder winkte er Mathilde zu, die befürchtete, dass er samt seinem zu großen Rad in den Graben stürzt. Nach Luft ringend übergab er mit strahlenden Augen die Schuhe. Mathilde umarmte ihn und wechselte die Schuhe in Windeseile. Der Start ihres Laufes war bereits ausgerufen worden.

Wie zu erwarten, gewann Mathilde den Lauf und wurde Zweite im Fünfkampf in ihrer Altersklasse. Nur zwei Punkte fehlten zur Siegerin. Glücklich präsentierte sie die Urkunde. Wiegbert gratulierte überschwänglich. Ihr Versprechen, ihn als Dankeschön auf ein Eis einzuladen, war für ihn das Größte. Er schwebte zum Fahrrad, als Mathilde mit ihrer Mannschaft die Heimreise antrat. Glücklich über den erfolgreichen Wettkampf und verwirrt durch den neuen Klassenkameraden, pfiff sie nachdenklich vor sich hin.

31. Der riesige Fisch

„Frau Klawitsch schreibt aber oft. Ich glaube, sie vermisst uns", sagte Mathilde zu Ipo, während sie die Post für ihren Onkel auf die Kommode legte. Sie nahm den bunten Brief, setzte sich auf die Stufen vor der Eingangstür und las vor. Ipo lag auf der Stufe über ihr und lauschte.

Liebe Mathilde,

Wasser, Wasser und nichts als Wasser. Seit Tagen haben wir kein Land mehr gesehen, die See ist rau, der Himmel grau und der Wind eisig. Gut, dass Decken erfunden wurden, denn die brauche ich bei diesem Schmuddelwetter.

Gestern ging es mir gar nicht gut. Ich war seekrank und hatte dazu auch noch schreckliches Heimweh. Nein, nicht weil es hier langweilig ist. Hier an Bord gibt es viel zu erleben. Außerdem kümmert Herr Bommel sich rührend um mich.

Gestern zum Beispiel lenkte er mich von meinen Unpässlichkeiten ab, indem er mir mit seiner sonoren Stimme eine weitere Geschichte erzählte. Sie ist Teil meines Logbuchs - vielleicht ist sie auch etwas für dein Notizbuch.

Die Geschichte geht so:

Ein Mann mit dem Namen Jonas weigert sich, dem Auftrag Gottes zu folgen und in der Stadt Ninive zu predigen. Er soll die Einwohner wieder auf den rechten Weg führen, denn Gott hat von ihrer Bosheit erfahren.

Jonas begründet seine Weigerung damit, dass er kein guter Prediger sei. Er begibt sich auf eine Schiffsreise, und zwar in die entgegengesetzte Richtung.

Jonas' Schiff gerät in einen schweren Sturm. Erneut verkriecht er sich vor der Herausforderung Gottes, denn er weiß, dass das Unwetter seinetwegen tobt.

Als das Schiff zu sinken droht, wird Jonas durch Auslosen als Verantwortlicher für den Sturm entlarvt und von den Seeleuten über Bord geworfen. Der Sturm legt sich augenblicklich und ein riesiger Fisch verschlingt Jonas. Nach vielen Gebeten von Jonas und ganze drei Tage später spuckt der Fisch ihn wieder aus.

Nach diesen Erlebnissen erhält er denselben Auftrag erneut von Gott, den er diesmal auch ausführt.

Den US-amerikanischen Psychologen Abraham Maslow inspirierte diese biblische Geschichte, um einer häufig vorkommenden menschlichen Schwäche einen Namen zu geben.

Er bezeichnete die Tendenz von Menschen, auf Herausforderungen erst einmal mit Zurückhaltung zu reagieren als Jonas-Komplex. Es werden zuerst vor allem die Gefahren, Anstrengungen und die Verantwortung gesehen.

Das verhindert oft, dass wir die Herausforderungen und damit auch deren Chancen annehmen.

Herr Maslow beobachtete, dass Menschen das Beste an sich ebenso fürchten wie das Schlechteste. Diese Angst vor der eigenen Größe oder das Streben danach vermeiden viele auch, weil sie fürchten, dass andere sie für unbescheiden halten.

Er empfahl deswegen, dass wir ein Gleichgewicht finden müssen zwischen unseren großen Zielen und „gesunder Bodenhaftung". So ist Selbstverwirklichung möglich, die zwar nach den Sternen greift, aber in der Realität wurzelt.

Wie gefällt dir die Geschichte und was denkst du über die Idee von Herrn Maslow?

So, jetzt trinke ich einen heißen Tee. Anschließend werde ich an Deck spazieren gehen, in der Hoffnung, Land zu sichten oder einen riesigen Fisch - vielleicht sogar einen Wal.

Viele Grüße und bis bald

Josefine Klawitsch

PS: Ist Ipo auch artig? Wenn ja, kraule ihm bitte den Bauch von mir. Das mag er doch so!

32. Das Projekt „Komarow"

Schwer atmend und mit flauem Gefühl im Magen erreichte Mathilde den Hof. Herr Mettmann hatte sie gebeten, schnellstmöglich zu kommen. Er wollte mit ihr über das Projekt „Komarow" sprechen, von dem er eigentlich nichts wissen konnte.

„Langsam, langsam, junge Dame. So dringend ist es auch nicht", rief ihr Herr Mettmann entgegen. Als Mathilde die lächelnde Frau Soumaré sah, ging es ihr schon besser. Der Hofbesitzer führte sie in den Aussichtsraum mit den Ohrensesseln, wo es Tee und Kekse gab.

„Mathilde", sagte Herr Mettmann mit gespielt ernstem Gesicht. „Gestern Abend hat mich ein verwirrter Mann angerufen. Er erzählte mir von einer Veranstaltung auf meinem Hof, von der ich noch gar nichts wusste. Er erklärte mir, dass er Schwierigkeiten hat, seine Werke zu verkaufen. Am liebsten würde es sie alle selber behalten. Er bedankte sich für mein Angebot und möchte es annehmen. Nun möchte er wissen, was er genau tun soll. Ich habe ihn um einen Tag Zeit gebeten, damit ich das klären kann", sagte Herr Mettmann und machte eine Pause. „Jetzt sollte ich lediglich wissen, was ich ihm eigentlich angeboten habe."

Mathilde hatte die letzte Minute das Atmen eingestellt. Sie glich einem riesigen Kreideblock mit Sommersprossen und stammelte etwas von Gregor, Künstler, Modell und „Wehendes Haar".

„Beruhige dich, Mathilde. Ihr hattet wieder eine gute Idee und habt euch gleich ans Werk gemacht. Wenn man so vorgeht, kann es sein, dass man Menschen überfordert oder dass man vergisst, Beteiligte rechtzeitig zu informieren. Du kennst mich gut genug, um zu wissen, dass ihr mich hättet einweihen können."

Verlegen spielte Mathilde mit ihrem Notizbuch.

„Tja, nun haben wir einen verwirrten Herrn Komarow und einen theoretisch verärgerten Herrn Mettmann. Aber genug der Schelte. Nun kennst du meinen Standpunkt und wir müssen einen Weg finden, um Herrn Komarow zu helfen."

Mathilde entschuldigt sich und erklärte die Idee. Sie berichtete von den faszinierenden Skulpturen, den schönen Bildern und dem Kunstwerk, das ein Symbol für den Reiterhof werden könnte.

„Gregor nennt es sein Gesellenstück", sagte Mathilde und deutete auf den Platz, wo es stehen könnte.

Frau Soumaré saß mit offenem Mund in ihrem Ohrensessel. So klare Vorstellungen und Ideen schien sie selten von einem Mädchen in Mathildes Alter zu hören. Herr Mettmann hatte aufmerksam zugehört und sich Notizen gemacht. Noch eine Stunde diskutierten sie über die Idee der drei Freunde. Herr Mettmann wollte in den kommenden Tagen entscheiden, ob und wann die Ausstellung stattfinden soll.

Der Tag begann sein Licht zu verlieren. Auf dem Nachhauseweg dachte Mathilde über Herrn Mettmanns Worte nach: „Ein Problem bei diesem Vorgehen kann sein, dass wir Menschen überfordern oder vergessen, Beteiligte rechtzeitig zu informieren. Du kennst mich doch gut genug, um zu wissen, dass ihr mich in eure Idee hättet einweihen können."

„Ja das hätten wir bedenken müssen. Ich hoffe, dass Herr Mettmann uns nicht wirklich böse ist und die Ausstellung stattfindet." Mathilde knipste das Licht aus und zog die Decke bis unter die Augen.

33. Versprochen ist versprochen

„Versprochen ist versprochen", murmelte Mathilde, während sie das schwungvoll beschriebene Blatt Papier betrachtete. Seit Tagen fand sie Nachrichten im Briefkasten, mit denen Wiegbert sie an das versprochene Eisessen erinnerte. Seine Hartnäckigkeit nervte. Andererseits imponierte es Mathilde und sie lud Wiegbert für den nächsten Samstag zu ihrer Lieblingseisdiele ein.

Sie wollte als Einladende pünktlich sein. Eine Viertelstunde zu früh erreichte sie den Treffpunkt, aber Wiegbert wartete schon. Keine 20 Minuten später war die erste Runde Eis verzehrt.

„Magst du noch eins? Lass mich dich jetzt einladen. Ich freue mich so, dass ich dir helfen durfte und du den zweiten Platz gemacht hast." Wiegberts Wangen färbten sich rötlich.

Natürlich hatte Mathilde noch Appetit und jeder bestellte drei weitere Kugeln. Auf einer Mauer neben der Eisdiele verspeisten sie mit Genuss das Eis.

„Du lebst bei deinem Onkel? Interessant. Ich lebe auch nicht bei meinen Eltern. Ich bin in einem Heim aufgewachsen und mit vier Jahren adoptiert worden."

„Oh. Das wusste ich nicht", sagte Mathilde.

„Meine Adoptiveltern sind großartige Menschen. Sie haben viel Geld und erfüllen mir fast jeden Wunsch. Leider bleibt wenig Zeit für mich, denn beide arbeiten viel. Meist bin ich bei einer Tagesmutter."

Diesen unsicheren Blick kannte sie an Wiegbert noch nicht. Die Eiskugeln waren schon lange verschwunden, als die beiden sich immer noch über dies und jenes unterhielten.

Abends notierte Mathilde „*Wiegbert ist netter, als ich dachte – manchmal muss ich wohl zweimal hinschauen (siehe Brille putzen)*".

34. Bravissimo

„Braaavo, Mathilde, bravissimo!" rief die Schnecke und die Angesprochene schaute erschrocken von ihrem Notizbuch auf. Sie saß mal wieder bei Rosei und dachte nach.

„Guten Tag, Schnecke. Aber warum sagst du bravissimo?"

„Nun, das soll meine Bewuuunderung zum Ausdruck bringen. Dafür, dass du drangeblieben bist an deinen Ideen, dass du beim Sportfest so erfolgreich warst und Wiegbert eine zweite Chance gekriegt hat."

„Danke", sagte Mathilde und klappte das khakifarbene Notizbuch zu. „Ja, das ist interessant, dass ich Wiegbert nun fast mag, wo ich mehr über ihn weiß und ihn ein wenig besser verstehe. Das hätte ich nie gedacht."

„O jaaa, das stelle ich auch immer wieder fest. Je mehr wir über jemanden wissen, umso schwieriger ist es, ihn nicht ein wenig mehr zu mögen. Es passt auch gut zu deinen WIEs, dass du Wiegbert eine Chance gegeben hast. Braaavo, Mathilde!"

Mathilde schlug die Seite mit ihren WIEs auf und notierte. Als sie wieder aufschaute, war sie wieder allein mit Findling Rosei.

35. Frau Klawitsch in Not

Am nächsten Tag war erneut Post von Frau Klawitsch im Brief-kasten. Diesmal war es ein schlichter weißer Umschlag mit vielen blauen Briefmarken.

Mathilde war gespannt, denn sie hatte eine Ahnung, dass der Brief eine besondere Nachricht enthielt. Sie lief in die Küche, schenkte sich von der selbstgemachten Limonade ein und setzte sich auf die Eckbank in der Küche.

Liebe Mathilde,

du erinnerst dich, dass ich Herrn Bommel kennen und schätzen gelernt habe. Gestern wurde er mit einem Hubschrauber vom Schiff gebracht.

Seit Tagen war ihm nicht gut und gestern ist er beim Frühstück zusammengebrochen. Die Schiffsärzte waren sich schnell einig, dass er in ein Krankenhaus gebracht werden muss, um ihn genauer zu untersuchen und viel-leicht sogar zu operieren.

Jetzt ist Herr Bommel nicht mehr an Bord und ich habe das Gefühl, die einsamste Frau auf diesem riesigen Schiff zu sein. Ich laufe unruhig herum, habe keine Freude mehr an meiner Reise und könnte pausenlos heulen.

Ich hoffe, ich erschrecke dich nicht mit diesen Zeilen und du machst dir hoffentlich keine Sorgen. Ich bin ein „großes Mädchen" und werde mich wieder fangen. Aber ich musste es einer Freundin schreiben, denn du weißt ja besser als die meisten, dass in Logbüchern nicht nur sonnige Tage aufgezeichnet werden.

So, jetzt gehe ich in das italienische Schiffscafé und bestelle einen Espresso und das größte Eis auf dem ganzen Schiff. Was sage ich - auf dem ganzen Ozean. ;-)

Viele Grüße, auch an Tiberius, deinen Onkel und Ipo, sendet

Josefine Klawitsch

36. Felsen in der Brandung

Herr Mettmann entschied sich dafür, die Ausstellung auf seinem Hof zu veranstalten, was für Mathilde, Marei und Gregor Arbeit bedeutete. Sie stellten Pläne auf, trafen sich mit Herrn Komarow, um Kunstwerke auszusuchen, besprachen mit Herrn Mettmann und Frau Soumaré die Aufgaben und halfen bei den Vorbereitungen auf dem Hof.

Sie starteten stets früh am Morgen, aber schnell dämmerte ihnen, dass die Tage viel zu kurz waren. So nahmen die drei häufig die Abende dazu, was für Ärger sorgte.

Vor lauter Aufgaben bemerkte Mathilde nicht, dass Frau Klawitsch seit fast zwei Wochen nicht mehr geschrieben hatte. Erst als Tiberius nach der Weltreisenden fragte, fiel es ihr auf. Sofort erinnerte sie sich an den traurigen Brief und machte sich Sorgen. Aber dafür war kaum Zeit, da in wenigen Tagen das Projekt „Komarow" starten sollte.

Sogar Ipo wurde von der herrschenden Aufregung angesteckt. Der eher schläfrige Hund verwandelte sich in einen tänzelnden Derwisch, der unermüdlich herumlief und den Vorbereitenden im Weg stand. Zwei Männer hingegen waren die Ruhe selbst. Herr Mettmann ruhte wie ein Fels in der Brandung. Er behielt alles im Griff und gab jedem von seiner Zuversicht ab.

Der Zweite hieß Tiberius. Er verteilte in seinem Kiosk Einladungen an seine Kunden und sprach oft mit Mathildes Onkel. Der allerdings verhielt sich überraschenderweise nervös.

37. Das fröhliche Gewusel

Freitag stand auf dem Kalenderblatt, das Mathilde morgens abriss. Es war einer dieser großartigen Sommertage, die sich ins Gedächtnis einprägen, um eines Tages Mut zu machen und Kraft zu spenden. Ein Ehepaar betrachtete skeptisch das Kunstwerk am Eingang zum Hof und Mathilde erklärte ihnen, was es symbolisierte.

Idee und Skizze kamen von Gregor. Er hatte Herrn Komarow beim Heraushauen der Statue geholfen und feststellen müssen, welch schwere körperliche Arbeit diese Kunst mit sich bringt. Ein beeindruckendes Werk aus grauem Stein stand nun wie ein Wahrzeichen auf dem Hof. Herrn Mettmann begeisterte es derart, dass er das Kunstwerk bereits Tage vor der Veranstaltung kaufte. Der erste Verkauf Herrn Komarows seit langem, der sichtlich erleichtert war.

Gregor freute sich, dass er helfen konnte. Sein Honorar war ein Satz Bildhauerwerkzeuge, den Herr Komarow ihm in einem mit Gregors Namen beschrifteten Kasten überreichte. Ein besseres Dankeschön gab es für den Nachwuchskünstler nicht, der mindestens dreimal am Tag den Kasten öffnete, um die Werkzeuge zu betrachten oder umzusortieren.

Überall auf dem Hof standen weitere von Besuchern umringte Skulpturen, über die lebhaft diskutiert wurde. Gregor war für die neue Reithalle zuständig, wo er die Bilder an den Wänden erklärte. Herr Komarow hatte die größte Pferdebox in ein provisorisches Atelier verwandelt und führte den Interessierten seine Bildhauerwerkzeuge vor.

Neben dem Reitplatz stiegen Rauchwolken in den blauen Himmel. Aus einem Grill züngelten hin und wieder Flammen durch ein Rost. Tiberius und Mathildes Onkel versorgten hier die Hungrigen. Die Grillwürstchen fanden reißenden Absatz und wer ohne gute Laune kam, erhielt sie gratis zu den Würstchen dazu.

Frau Soumaré und Herr Mettmann erklärten Hippotherapie. Tagelang hatte Marei trainiert, um Übungen vorzuführen, die in dieser Therapie zum Einsatz kamen. Alle halfen gerne, und selbst die Enkelin von Herrn Mettmann servierte auf einem Tablett Limonade. Wiegbert lief mit einer Umhängetasche über den Hof und verkaufte wie ein Marktschreier Lose. „Meine Damen, meine Herren! Verpassen Sie nicht diese einmalige Chance und machen Sie Ihr Glück! Kaufen Sie ein Los und gewinnen Sie Reitstunden, einen Bildhauerkurs oder eine köstliche Limonade! Helfen Sie Ihrem Glück und kaufen Sie ein Los!“

Es war ein fröhliches Gewusel. Mathilde machte eine Pause und schlenderte über den Hof, als eine Limousine neben der Reithalle hielt. Ipo zerrte sie in Richtung Parkplatz, um aufgeregt stehenzubleiben und zu bellen.

„Was ist los, Ipo?“, fragte Mathilde.
Weiteres Bellen.

„Ja, hallo, Ipo! Hast du mich gleich wiedererkannt?“, rief jemand aus dem Fenster der Limousine.

„Frau Klawitsch? Sie sind, ja, sie sind doch auf Weltreise, dachte ich. Wir haben uns Sorgen gemacht, weil Sie nicht mehr geschrieben haben.“

„Dafür muss ich mich entschuldigen. Aber lasst uns erst einmal aussteigen. Ich habe nämlich jemanden mitgebracht, den ich dir vorstellen möchte.“

Frau Klawitsch stellte Mathilde Herrn Bommel und dessen Chauffeur vor. Eigentlich arbeitete der hagere Japaner als sein Gärtner, aber zurzeit fuhr „Hiroshige san" das Auto.

„Ja, Mathilde. Ich bin zurück, und zwar viel früher als geplant. Ich hatte dir ja in einem Brief berichtet, dass ich mich so einsam gefühlt habe, nachdem Herr Bommel das Schiff verlassen musste. Und als sich an diesem Gefühl nichts änderte, habe ich beschlossen, im nächsten Hafen von Bord zu gehen und zurückzufliegen, um ihm beizustehen."

„Ach so", sagte Mathilde.

„Ich wusste, dass ich nur so wieder zur Ruhe komme. Im Seniorenwohnheim hat man mir am Telefon erzählt, was auf dem Reiterhof geplant ist, da habe ich Herrn Bommel und Hiroshige san überredet, hierher zu fahren. Und hier sind wir."

Nach einer Führung über den Hof und einigen überraschten Gesichtern brauchten alle eine Stärkung. Herr Bommel und Hiroshige san bekamen nicht genug von der Grillwurst und der Limonade, die ihnen aber nur von Herrn Mettmanns Enkelin serviert werden durfte.

38. Nach Hause fliegen

Mathilde hockte neben Rosei und schaute zurück auf die letzten Tage, Wochen und Monate. Viele Abenteuer hatte sie erlebt und ihre Ideen in ihrem Notizbuch aufgeschrieben. Das Abendlicht verwandelte die Wolken in rote Kissen, während Schwärme winziger Fliegen über den Feldern auf und ab tanzten. Mathilde war glücklich. Sie genoss das Gefühl, lehnte ihren Kopf an den Findling und streichelte ihn.

Es kam die Zeit für den Heimweg. Sie wollte mit ihrem Onkel Spaghetti kochen und den Nachtisch vorbereiten. Heute Abend waren Frau Soumaré und Tiberius eingeladen. Sie sprang auf, umarmte den Findling und rief rückwärts laufend: „Tschüs Rosei. Bis bald und drück die Daumen", um lachend einen ihrer wieselflinken Läufe zu starten. Halb lief sie, halb hüpfte Mathilde. Sie pfiff ein Lied und breitete ihre Arme aus, als würde sie nach Hause fliegen.

39. Mathildes überarbeitetes Notizbuch

📙 Ziele

Was will ich hier?
Was mache ich hier auf dieser Welt?
Was ist meine Aufgabe?
Wo will ich hin?

Meine Ziele!

Weihnachten: Ich kann ganze Lieder pfeifen und zwar so, dass jemand das Lied auch erkennen kann. Am Heiligabend habe ich mit meinem Onkel Weihnachtslieder gepfiffen. ✔

Ende des Schuljahres: Ich habe in meinem Zeugnis eine Drei in Mathematik. In den anderen Fächern bin ich genauso gut wie im vorherigen Jahr oder auch besser. ✔

~~Wenn ich 15 werde: An meinem 15. Geburtstag habe ich mein eigenes Pferd. Ich kann für mein Pferd sorgen, auf ihm reiten und kann es irgendwo unterbringen (Stall und Wiese). Mein Pferd heißt Wüstenwind.~~

An meinem 15. Geburtstag bin ich eine Läuferin, die einige Wettkämpfe gewonnen hat. Ich habe eine verbesserte Technik (Atmung, Bewegung, mental) und viel Freude an meinem Sport.

WIEs, Werte

Deine Wünsche und Ziele sind sehr wichtig, aber dein WIE macht dich erst zu dem Menschen, der du bist.

fair – gerecht sein, nicht die eigene schlechte Laune an anderen auslassen, keine Vorurteile haben, sich entschuldigen, wenn man einen Fehler gemacht hat (Gregor), (Vorurteile, denk an Frau Klemmer!), (Frau Günes)

freundlich – mit einem Lächeln die Dinge tun und auf andere zugehen, auch wenn andere nicht freundlich sind, andere so behandeln, wie ich selber behandelt werden möchte, sich bedanken, Menschen helfen und ihren Dank annehmen, ein gutes Mittel gegen kleine Gemeinheiten ist Freundlichkeit (denk an Langlaufen und Tina)

ausdauernd & geduldig – Ziele verfolgen, Ziele auch mal anderen erzählen, Hilfe suchen, Ziele immer wieder anschauen, regelmäßig dafür etwas tun, auch mal „Nein" sagen, das kleine Heft immer wieder nutzen

📕 Erfolge

o habe Pfeifen gelernt, (Tiberius und Onkel)
o habe meine Mathematikzensur verbessert (von Vier auf Zwei minus)
o zweiter Platz im Fünfkampf (erster Platz im Laufen)
o Projekt „Wehendes Haar" mit Marei und Gregor

Aufgaben für das Projekt „Wehendes Haar"

Sammeln von Informationen

- o   Tiberius um Rat und Ideen bitten   (Mathilde)   ✔
- o   Herrn Mettmann fragen   (Mathilde)   ✔
- o   Mathildes Onkel fragen   (Mathilde)   ✔
- o   Buch über Rennradfahren lesen   (Gregor)   ✔
- o   Frau Klawitsch fragen   (Gregor)
- o   Buch über Laufen besorgen/lesen   (Mathilde)   ✔
- o   Marei liest Mathildes Pferdebuch   (Marei)   ✔
- o   Arzt fragen, ob so etwas möglich ist   (Marei)   ✔

Betroffene informieren/Erlaubnis einholen
- o   Gregors Mutter wegen Asthma fragen   (Gregor)
- o   Mareis Eltern um Erlaubnis bitten   (Marei)

Aktionen/Aufgaben/Maßnahmen
- o   Rennrad ausleihen (Cousin)   (Gregor)   ✔
- o   Fahrradheimtrainer organisieren   (Gregor)   nT

(nT bedeutet – bis zum nächsten Treffen machen)

Auf die Reihenfolge der Aufgaben achten! (Erst die Socken und dann die Schuhe anziehen!)

📕 Einstellung, Ideen und Gedanken

Die meisten guten Dinge reifen nur in der Stille.

Wenn man Ziele und Wünsche hat, dann helfen einem manchmal Menschen (so wie mein Onkel und Tiberius) und scheinbare Zufälle.

Der Regen fällt in jedem Fall auf die Erde, ob du dich ärgerst oder nicht. Versuche auch einmal, das Gute im Regen zu sehen.

Lerne aus deinen Fehlern. Damit du sie nicht vergisst, notiere sie.

Gerechtigkeit: Die des Geldes, der Freude, des Glücks, der Gesundheit – welche meinst du? Außerdem betrachten wir meist nur Phasen des Lebens und urteilen zu schnell. Wir sehen nicht, was war, und wir können nicht wissen, was kommt. Möglicherweise ist das Leben gerecht, wenn wir es im Ganzen beurteilen.

Sei nicht zu euphorisch in den guten Tagen und nicht zu betrübt in den Tagen, wo es nicht so läuft.

Das Problem ist nämlich bei Ärger, Wut oder beim Toben, dass wir etwas tun oder sagen, das wir schnell bereuen und das wenig hilfreich ist auf dem Weg zum Angestrebten. Der Verstand verabschiedet sich, wenn Wut und Ärger einziehen, und wir tun Dinge, die uns selber und andere verletzen!

Sei nicht betrübt über Dinge, die passieren könnten. Das kannst du immer noch sein, wenn es passiert.

Hilf dir selber, damit du dich erinnerst. Schreib dir auch Namen auf, denn Namen sind sehr wichtig! (Denk an das

Empfangsschild im Seniorenwohnheim, denk an den Reiter-hof)

Warum hat Tiberius nie schlechte Laune? Seine Antwort:
* Schlechte Laune beruht meist auf Gedanken.
* Gute Laune lindert Schmerzen und verändert meine Ge-danken über Regen. Das ist nicht immer einfach, aber mit viel Übung gelingt das.
* Wenn du schlechte Laune hast, dann beobachte deine Ge-danken, beweg dich und tu etwas. Male ein Bild, räum auf, schreib in deinem Buch oder mach etwas, was du immer wieder aufschiebst.

Ideen zu Wünschen und Zielen
Wann willst du deine Ziele erreichen?
Was willst du dafür tun?
Hilf deinem Glück, indem du dich verpflichtest, darauf zu-zugehen, und zwar Schritt für Schritt.
Manchmal sollte man einfach vertrauen und ausprobieren.
Mit viel Übung kann man viel erreichen.
Schreib deine Aufgaben, Ideen und alle anderen wichtigen Punkte in dein Notizbuch, um dich zu erinnern.

Feiere auch mal kleine Erfolge mit deinen Freunden oder alleine (Zwei minus in der Mathematikarbeit!).

Manche Dinge sollten wir für uns behalten. Sie sind unser kleines Geheimnis, sind unser Talisman oder Glücksbringer, den nur wir kennen. (Schnecke, Käfer, Findling Rosei …)

Dein Notizbuch ist nicht dafür da, es vollzuschreiben, son-dern es ist dazu da, um das wirklich Wichtige aufzuschreiben und dich zu erinnern. (Denk an den Sitz bei Rosei!)

Denk an all die „Spinner" der Geschichte. Sie sind gute Gesellschaft, auch wenn es kein Nobelpreis oder keine Professur wird, so wird es vielleicht ein spannendes und erfolgreiches Leben. Es ist an mir (der Käfer berichtete von Galileo Galilei, Benjamin Franklin, Conrad Röntgen, Marie Curie, alles keine Spinner).

Achte auf SISEP – die sich selbst erfüllende Prophezeiung. Putze immer wieder deine Brille, um die Menschen besser zu verstehen und SISEP zu vermeiden. Denk an das umgekippte Tuschwasserglas.

Der Mondvogel ist auch ein Spinner (so wie ich, manchmal) und die Mimose eine extrem empfindliche Pflanze.

Frau Klawitschs Weltreise, Logbuch, Geschichte Herr Bommel, einfache Verhältnisse, nicht der Schnellste und Hellste, dranbleiben, konsequent, ihm geholfen, Geschichte von Schildkröte und Hase, Aesop, griechischer Sklave, Herr Bommel heute erfolgreich, glücklich und wohlhabend

Denk an das, was du erreichen willst, und nicht daran, was du vermeiden möchtest. (Hier gibt es keine Haie, ich denke dann trotzdem an Haie, achte auf deine Gedanken, denn mit ihnen kommen Bilder, die wiederum zu Emotionen oder Gefühlen werden, denk beim Weitsprung daran, dass du das Brett triffst, Rat vom Käfer.)

Schieberitis ist heilbar (denk an die Schiffsreise von Frau Klawitsch)

Pareto-Regel ausprobieren, aber Achtung bei Sicherheit (80:20-Regel, Gregor putzt sein Fahrrad manchmal so)

Suche blinde Flecken, Tipp von Tiberius, Kritik anderer hilft, sich selber besser kennen zu lernen (siehe Zettel mit Kreis und Kreuz, blinder Fleck im Auge)

Lege eine Geldreserve für schlechte Zeiten an, Onkel wollte mit mir zur Belohnung wegfahren, haben aber dafür zur Zeit kein Geld, Fabel vom wilden Hund, er erfror, weil er sich keine Hütte baute, von Aesop

Seltsam, wie sich die Farbe der Gedanken verändert, wenn Hoffnung die Angst verdrängt. (Der Mimosen-Vorfall)

Stell nicht zu hohe Anforderungen an deine Mitmenschen. Das wird dir Kummer ersparen. Nimm die Menschen an, wie sie sind. Andere gibt es nicht.

Durch Dranbleiben werden Erfolge möglich, wie beim Radfahren, versuche, eine gleichmäßige Geschwindigkeit zu finden, die deinen Kräften entspricht. Tritt weder zu schnell noch zu langsam. So gelangst du zum Ziel, selbst wenn es bergig wird und die Fahrt lang und beschwerlich ist.

Das traurige Seelendilemma, Schiffsreise, Herr von Falkenbrauer möchte Anerkennung, der gewählte Weg ist unglücklich und bewirkt das Gegenteil, Idee von Herrn Bommel, was ist, wenn Wiegbert eine traurige Seele hat?

Jonas Komplex, biblische Geschichte, Jonas wollte eine Predigt nicht halten, Sturm, großer Fisch, hält später die Predigt doch, auf Herausforderungen erst einmal mit Zurückhaltung reagieren, sehen zuerst vor allem die Gefahren, Anstrengungen und die Verantwortung

Herr Maslow empfahl ein Gleichgewicht zwischen großen Zielen und „gesunder Bodenhaftung", nach den Sternen greifen, aber in der Realität verwurzelt.

Wiegbert ist netter, als ich dachte – manchmal muss ich wohl zweimal hinschauen (siehe Brille putzen).

Meine Notizen:

Meine Notizen:

Alles was ich heute tue, ist wichtig,
gebe ich doch einen ganzen Tag
meines Lebens dafür.

George Bernard Shaw